Ewald Palmetshofer, *Körper. Schreiben.*

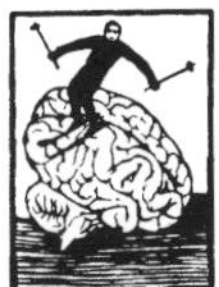

Ewald Palmetshofer (*1978 in Oberösterreich) ist Dramatiker und Dramaturg. Für seine Bühnentexte (u. a. *hamlet ist tot. keine schwerkraft, die unverheiratete, Vor Sonnenaufgang, Die Verlorenen*) wurde er mehrfach ausgezeichnet und zu den Mülheimer Theatertagen eingeladen. 2015 wurde sein Stück *die unverheiratete* mit dem Mülheimer Dramatikerpreis ausgezeichnet, 2018 erhielt er den Else-Lasker-Schüler-Dramatikerpreis und 2019 den Gert-Jonke-Preis. Er war Hausautor am Schauspielhaus Wien und am Nationaltheater Mannheim, unterrichtete am Institut für Sprachkunst der Universität für Angewandte Kunst in Wien, war von 2015 bis 2019 Dramaturg am Theater Basel und ist seit 2019 Dramaturg am Residenztheater München.

Johannes Birgfeld (*1971 in Hamburg) ist nach Lehrtätigkeiten in Bamberg, Sewanee (TN/USA) und Oxford Studiendirektor i. H. an der Universität des Saarlandes für Neuere deutsche Literaturwissenschaft und Initiator der Saarbrücker Poetikdozentur für Dramatik. Forschungen zur deutschsprachigen Literatur vom 17. Jahrhundert bis zur Gegenwart sowie zur Geschichte von Drama und Theater.

Daniel Kazmaier (*1982 in Stuttgart) ist seit September 2022 Juniorprofessor für deutsch-französische Literatur- und Kulturwissenschaft und Border Studies an der Université de Lorraine in Metz. Davor Lehr- und Forschungstätigkeiten an der Universität des Saarlandes im Bereich der Frankophonen Germanistik und am Frankreichzentrum. Seine Forschungsschwerpunkte sind Deutsch-Französische Komparatistik und Literaturtheorie.

Ewald Palmetshofer

Körper. Schreiben.

Theater, Affekt und die Berührungen der Sprache

Saarbrücker Poetikdozentur für Dramatik

Mit einem Essay von Daniel Kazmaier

Herausgegeben und mit einem Nachwort von Johannes Birgfeld

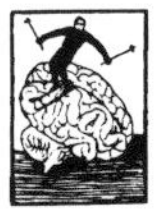

Alexander Verlag Berlin

In dieser Reihe sind bereits erschienen:
Rebekka Kricheldorf: *Dem Tod ins Gesicht lachen. Ein Plädoyer für Komik und die Feier des Absurden im Theater*
Milo Rau: *Das geschichtliche Gefühl. Wege zu einem globalen Realismus*
Falk Richter: *Disconnected. Theater Tanz Politik*
She She Pop: *Sich fremd werden. Beiträge zu einer Poetik der Performance*
Albert Ostermaier: *Von der Rolle oder: Über die Dramatik des Verzettelns*

Gedruckt mit finanzieller Unterstützung der Fachrichtung Germanistik an der Universität des Saarlandes.

Der Abdruck von Auszügen aus den Stücken Ewald Palmetshofers erfolgt mit freundlicher Genehmigung des S. Fischer Verlages (Frankfurt a. M.).

Originalausgabe

Alexander Wewerka, Fredericiastr. 8, D-14050 Berlin
info@alexander-verlag.com · www.alexander-verlag.com

Satz und Layout: Antje Wewerka
Umschlaggestaltung: Antje Wewerka
Umschlagfoto: Magnus Lechner
Schlusslektorat: Christin Heinrichs-Lauer
Printed in the EU (July) 2024
ISBN 978-3-89581-604-8

VORBEMERKUNG

Sehr geehrte:r Leser:in! Auf den folgenden Seiten finden Sie die gedruckte Version dreier Vorträge, die ich im Rahmen der Saarbrücker Poetikdozentur für Dramatik im Frühsommer 2022 gehalten habe. Der vorliegende Text gibt mein dafür erstelltes Vortrags- bzw. Lesemanuskript wieder und folgt daher einem durch und durch mündlichen Gestus. Ich habe mich entschlossen, diesen für die Buchform nicht zu tilgen. Im besten Fall mag es dem Text auch in seiner schriftlichen Form gelingen, die Tonlage und Farbe des Sprechens an diesen drei Abenden erlebbar zu machen. Als Leser:in sind Sie daher jedoch zu einer Übersetzungsarbeit eingeladen, damit der Text auch ohne vortragenden Körper zu Ihnen spricht. Dieser Transfer könnte darin bestehen, Teile des Buches laut zu lesen. Oder aber es reicht vielleicht schon, sich diese drei Vorträge als Bühnenmonologe vorzustellen und sie als Leser:in so zu behandeln, wie Sie jeden anderen Stücktext behandeln würden, indem Sie die Buchstaben auf dem Papier in Ihrer Vorstellung um eine Art performativen Überschuss (ob klanglich, räumlich oder gestisch) ergänzen.

Der mündlichen Form der drei Vortragstexte ist es auch geschuldet, dass sie sprachlich etwas eigen geraten sind. So folgt etwa die Interpunktion oftmals rhythmischen Gesichtspunkten, und es kommt immer wieder zu Wiederholungen und elliptischen Satzkonstruktionen. Wo dies dem besseren Verständnis vielleicht hinderlich sein könnte, habe ich das Manuskript sachte redigiert. Nicht verändert habe ich alle Bezeichnungen im Text, die sich auf seinen Vortragscharakter beziehen. Ich spreche also auch in dieser gedruckten Version weiterhin von Vortrag und nicht von Buch oder von meinem Sprechen und nicht von Ihrem Lesen.

Ein Text steht immer in einem Kräftefeld und Netzwerk Einfluss ausübender anderer Texte. So auch dieser. Für die Buchfassung habe ich versucht, diese Verbindungen in Fußnoten deutlich sichtbar zu machen. Dort soll auch Raum sein, um die eine oder andere Überlegung zu vertiefen oder auf Richtungen hinzuweisen, die mögliche weiterführende Gedanken nehmen könnten.

Mein Dank gilt Johannes Birgfeld für die Einladung und Organisation und vor allem für die geduldige und ermutigende Begleitung dieses aufgrund der Corona-Pandemie über mehrere Jahre ausgedehnten Weges, der schließlich zu den drei Vorträgen und diesem Buch geführt hat. Ich danke auch der Stadt Saarbrücken, dem Saarländischen Staatstheater, der Fachrichtung Germanistik an der Universität des Saarlandes und dem VHS/Regionalverband Saarbrücken, die die Poetikdozentur gemeinsam veranstalten, sowie den Zuhörer:innen vor Ort an jenen drei Abenden. An den Theatern danke ich den Dramaturg:innen, Mitarbeiter:innen der unterschiedlichen Abteilungen und (technischen) Gewerke sowie Assistent:innen und schließlich den Künstler:innen, ob Schauspieler:innen, Regisseur:innen, Kostüm- und Bühnenbildner:innen, Videokünstler:innen oder Musiker:innen, die mit meinen Stücktexten arbeiten oder gearbeitet haben. Der Sinn meines Schreibens liegt in ihrer Arbeit. Warum ich das so sehe, wird hoffentlich auf den folgenden Seiten deutlich werden.

VORTRAG 1

Anfang

Ich habe hier einen Text vorbereitet. Mit Gedanken, Erinnerungen, kurzen Stückausschnitten. Das eine wird dabei ins andere übergehen.

Ich beginne mit einer Schwierigkeit. Vor einigen Wochen hatte mich Herr Birgfeld nach einem möglichen Arbeitstitel für diese drei Vorträge gefragt. Meine Antwort per E-Mail erfolgte damals erstens zu spät und bestand zweitens darin, entschuldigend zu formulieren, warum ich noch keinen solchen Arbeitstitel zur Hand hätte. Eine doppelte Schwierigkeit. Zu spät und dann noch mit nichts in Händen. In der also doppelt enttäuschenden Nachricht meinerseits stand dieser Arbeits- und nun tatsächliche Titel allerdings schon in zwei knappen Worten da. Das wurde mir aber erst nach dem Senden meiner E-Mail klar. Ich hatte darin entschuldigend geschrieben, was denn dieser Titel sein müsste, wenn ich ihn denn schon hätte. Und eigentlich hatte ich ihn schon. Damals also zu spät und mir gar nicht bewusst, kann ich ihn heute sagen – sie, diese zwei Worte. Der Titel, unter dem zu sprechen ich versuche, lautet: Körper. Schreiben.[1]

Zwei Worte. Von einem Punkt getrennt und beschlossen:

Körper Punkt Schreiben Punkt

Die beiden Punkte gibt es bloß als Satzzeichen auf dem Papier. Zu hören sind sie nicht. Also nochmals: Körper schreiben.[2]

Der Weg zu diesem Titel in meiner Mail an Herrn Birgfeld führte über eine Erinnerung. Eine sehr vage Erinnerung – zugegeben. Sie stand nicht in meiner E-Mail. Vor längerer Zeit war ich in einem

Interview auf eine Aussage angesprochen worden. Es hieß da: »Sie sagten oder schrieben: ›Ich schreibe für die Körper‹.« Das habe ich tatsächlich gesagt oder geschrieben. Ich weiß nicht mehr, wo genau, aber es ist wohl richtig. In Erinnerung geblieben ist mir dieser Satz allerdings nur über den Weg dieses Interviews. »Das sagten Sie?« Ja, das sagte oder schrieb ich. Es ist wahr. Jetzt erinnere ich mich wieder. »Und was meinen Sie damit?« Also, ich!? Was meine ich damit? Körper. Schreiben.

Ich schreibe für die Körper. Das ist tatsächlich in aller Kürze, was ich tue. Und das habe ich auch hierfür getan, für diesen Vortrag hier, heute Abend, jetzt. Aber es gibt da eine Schwierigkeit. Denn wenn ich in meinem Schreiben als Dramatiker für die Körper schreibe, dann sind dies die Körper der anderen, die anderen Körper, die Körper im Proberaum, anfangs, und später die Körper auf der Bühne. Davor noch – selbstverständlich – schreibe ich für den lesenden Körper meiner Lektorin Friederike Emmerling und dann auch für die lesenden Körper der Dramaturg:innen am Theater, der Regisseur:innen, Kostüm- und Bühnenbildner:innen. Aber schließlich und letztendlich schreibe ich für die Körper der Schauspieler:innen. Nun aber – da ich dies hier vor Ihnen lese – habe ich dieses Von-mir-zu-Lesende, diesen Text, für mich geschrieben – also eigentlich für Sie –, aber als Lesender hier heute jetzt habe ich ihn für meinen Körper geschrieben. Ich schreibe für die Körper – das sind die Körper der anderen, für gewöhnlich – aber heute, jetzt ist das meiner. Mein Körper. Heute werde ich mich nicht los. Mich, meinen Körper, ihn, für den ich dies geschrieben habe und der nun vor Ihnen und für Sie spricht. Ich habe etwas geschrieben, damit mein Körper hier etwas zu tun hat … vor Ihnen. Ein Körper, den Sie sehen, und den Sie lesen, während ich diesen Text lese, lesen Sie mich. Ein Körper, dem Sie vielleicht Bedeutungen geben, während ich händeringend der Bedeutung meiner Arbeit für mich und vielleicht für Sie auf die Spur zu kommen versuche. Dafür habe ich zum Glück drei Abende Zeit. Sie lesen, ich lese. Drei Abende. Ich lese mich. Und Sie auch. Und ich lese – so habe ich es hier geschrieben –, dass Sie einen mittelalten weißen Mann[3] lesen, der liest und spricht.

Wie gesagt: Für gewöhnlich schreibe ich für die anderen, für ihr Sprechen, für das Sprechen der anderen, in dem ich nicht vorkomme, nicht als Körper, der ich als Autor auf der Bühne körperlich nicht anwesend, nicht da bin, und nicht als Person oder gar Figur, der ich auf der Bühne keine Rolle spiele. Aber heute bin ich da, mit meinem Text, mit mir, mit meinem Körper, meiner Stimme – der akustischen Außenform, Ausdehnung, Raumgreifung dieses Körpers. Und weil dieser Körper nun mal hier ist und dieser Text nur über ihn oder aus ihm oder vermittels dieses meines Körpers zu Ihnen kommt, wird dieser Körper vielleicht ab und an eine Rolle spielen. In meinen Stücken tut er das nicht, ist ihm dies genommen – er tritt nicht auf. Seine Rolle ist eine der Abwesenheit ALS Körper, seine Rolle besteht darin, nicht zu erscheinen. Aber heute und nächste und übernächste Woche kommt er an sich nicht vorbei oder aus sich heraus, kann sich nicht in seine bloß geschrieben habende Abwesenheit zurückziehen, um von anderen gesprochen zu werden. Kein anderer Körper kann mich heute sprechen als eben ich. Es ist ein Fluch – im Sinne von: Es ist unentrinnbar – also ich mir. Unentrinnbar.

Dieses Sprechen meines Körpers heute, wir mussten es, wie Sie wahrscheinlich wissen, zwei Mal um insgesamt zwei Jahre verschieben. Wie vieles andere auch. Corona – genau! Und – zugegeben – seit zwei Jahren bin ich nun schon nervös, wenn ich nur daran denke, wegen dieses Sprechens heute, dass ich keinem:keiner anderen überantworten kann, keinem anderen Körper. Überfallartige Nervosität immer wieder: eine körperliche Regung, ein Affekt, aufgrund der körperlichen Nicht-Abtretbarkeit meines Textes und Sprechens. Schauspieler:innen treten auf und ab, abtreten aber kann ich dieses mein Sprechen, diesen Text hier heute offensichtlich nicht. Und ich bin ja schon hier und habe schon begonnen und lesend spreche ich schon. Zu spät also, abzutreten. Aber meine Nervosität hat – das kann ich Ihnen versichern – abgenommen. Der Affekt hat sich zum Glück ein bisschen gewandelt. Hat sich gewandelt – grammatikalisch richtig müsste ich schreiben oder geschrieben haben: Der Affekt wird sich gewandelt haben. Denn ich habe, was ich gerade lese, ja in der Vergangenheit geschrieben, vor ein paar Wochen, aus damaliger Perspektive. Und in der Zukunft – das habe ich damals, in einer heute vergangenen Gegenwart vorausgesagt, vorweggenommen und gehofft – wird dieser nervöse Affekt abgenommen haben. Dieses Nervös-Sein – als hätte mich damals der Körper von heute heimgesucht. Nervosität: ein Zu-Viel an Körper. Ein Körper, ich, der sich zwei Jahre lang immer wieder in die Zukunft denkt und vom Bild dieses Zukunfts-Körpers, wie er in der Vorstellung von damals hier heute sitzt, überfallen, überfordert, überfrachtet und überladen wird. Sozusagen eine Verdoppelung des Körpers in der Vorstellung. Ein Überschuss, der von einem Affekt begleitet wird. Weil hier zwei Zeiten und zwei Körper aufeinanderstoßen. Die Zeit des Schreibens damals, die, während ich geschrieben habe, ein Jetzt war, kollidiert mit der Zeit des Sagens heute jetzt vor Ihnen, die, während ich schreibe, Zukunft sein wird. Und der Körper, der schreibt, kollidiert mit dem Körper, der sagen wird, in seiner Zukunft. Es ist der gleiche Körper – meiner –, wenn auch in der Zeit verändert. Und es ist die gleiche Zeit – nämlich je Gegenwart –, wenn auch durch die Zeit und alles, was sich seither ereignet hat, verändert. Die Zeit des Schreibens: Gegenwart. Die Zeit des Sagens, Sprechens: Gegenwart. Es ist kompliziert. Eine Schwierigkeit.

Körper. Schreiben. Ich gehe zum Titel zurück: »Körper. Schreiben.« Und ich lösche den Punkt zwischen den beiden Worten. Körper schreiben. Es sind Körper, die schreiben. Es ist mein Körper, der schreibt, der fürs Theater schreibt. Und er schreibt andere Körper. Also: Körper schreiben. Eine Sprache schreiben, Sprachkörper schreiben, voll und ganz angewiesen auf die Körper der anderen. Körper herbeischreiben, dass sie kommen, dass sie erscheinen (auf einer Bühne), dass sie sich vergegenwärtigen, dass sie auftreten, während ich abtrete, und die Sprache in den Mund, in den Körper, in ihre Körper nehmen und sprechen, während ich schweige, nicht erscheine, nicht da bin. Und dies in einer Gegenwart, die nicht mehr die des Schreibakts ist. Der Akt des Schreibens endet, es folgt eine Zwischenzeit bis jemand spielt und spricht. Nicht ich.

Körper schreiben – das heißt also: Körper herbeischreiben, für die anderen schreiben und für eine Gegenwart des Sprechens schreiben, die erst in der Zukunft kommt. Schreiben fürs Theater ist also ein doppelter Sprung in die Zukunft. In die Zukunft des Kommens anderer Körper, ihres Auftretens und Sprechens, und ein Sprung in das Kommen einer anderen Zeit, in der das Spiel und Sprechen Gegenwart werden, einer Zeit, die das Schreiben in die Vergangenheit verdrängt. Und ich meine wirklich »verdrängen«. Das Geschrieben-Sein vergessen machen, wegdrücken, in die Vergangenheit schieben und zugleich Raum machen. Das Spiel auf der Bühne ist eine Raumgreifung und eine Zeitsetzung zugleich. Es spannt einen Raum auf, in dem es nur Gegenwart gibt: Die Zeit des Spiels, die Zeit des Sprechens – an einem Ort. Das ist die positive, konstruktive Seite der darstellenden Kunst, in deren Dienst mein Schreiben steht: Ein Raum der mit einem Publikum geteilten Gegenwart wird geöffnet und von sprechenden Körpern bewohnt. Die negative oder destruktive Seite dieser Kunst ist aber, dass Schreiben fürs Theater mit seiner doppelten Auslöschung oder Über-Schreibung rechnet – aus freien Stücken: Aus dem Schreiben wird Sprechen der anderen, aus dem Buchstaben wird Stimme, aus Papier entstehen Körper im Raum. Körper ... schreiben. Nein! Schreiben. Körper. Erst Schreiben, dann Körper. Wieder der Titel meines Sprechens hier, jedoch in umgekehrter Reihenfolge. Alles Geschriebene wird ungeschehen gemacht, indem ganz anderes geschieht und entsteht. Ein Transfer findet statt, muss stattfinden. Der Text wird sozusagen umgeschrieben, verkörpert und dadurch ENT-schrieben, wird in Körper und deren Begegnung übersetzt. Theater ist eine Praxis geteilter (also gemeinsamer) Übersetzung – viele sind daran beteiligt: vom Nicht-Körperlichen ins Körperliche, vom toten Buchstaben ins lebendige Sprechen. Diese Übersetzung ist voll und ganz Transformation – Formwandlung. Nicht bloß Transfer von einer Sprache in eine andere, sondern Übergang in eine andere Ordnung, einen anderen Modus, zu sein. Ich kann diese Differenz nicht deutlich genug hervorstreichen. Denken Sie an ein Kochrezept. Ein enger Übersetzungsbegriff würde bloß den Transfer des Rezepts von – sagen wir Italienisch auf Deutsch – bezeichnen. Die transformative Übersetzung, die ich meine, bezeichnet den Übergang vom Rezept zum Essen des Gerichts. Der Text verhält sich zur Aufführung wie eine Seite eines Kochbuchs zum Verzehr – sagen wir – der Lasagne. Wahrscheinlich hinkt der Vergleich – eine Schwierigkeit schon wieder – aber egal. Ich werde beim nächsten oder übernächsten Mal vielleicht noch von anderer Seite auf die Frage des Übersetzens zurückkommen. So oder so – ich hoffe, dass meine Überzeugung bereits deutlich geworden ist:

Der Theatertext muss auf mehrfache Weise seinen Seins-Zustand verändern, ausstreichen, hinter sich lassen, muss ENT-schrieben werden, muss sich selbst als Text verlieren und Teil der Körper der Spielenden werden. Ohne Verkörperung, die Körper der anderen, ist er, der Text, nichts. Sein Sein IST auf der Bühne, in den Körpern der Spieler:innen, und dies in der geteilten Anwesenheit vor oder mit Ihnen, dem Publikum – oder aber er, der Text, IST nichts.

Körper schreiben heißt also, erst mit den Körpern der anderen zu sein. Körper schreiben, um irgendwann in der Zukunft – in der zukünftigen Gegenwart einer Aufführung – zu sein. Das ist, was ich zu tun versuche, wenn ich schreibe. Und daher der Titel meines Sprechens hier. Ich habe von diesem Titel gesprochen und damit bereits ausgesprochen, was ich von meinen Texten halte und von welcher Überzeugung sie ausgehen: Ohne die Körper der anderen gibt es sie nicht.

Und fast nebenbei sind schon einige weitere Begriffe gefallen, die mir – wenn alles nach Plan verläuft – immer wieder zu Hilfe kommen werden: der Affekt (Sie erinnern sich an mein Nervös-Sein), die Übersetzung oder der Transfer, das Sprechen (vielleicht sollte ich vielmehr sagen: »Akte des Sprechens«) und – das schicke ich gleich voraus – etwas, dass ich in Ermangelung einer Alternative »Intensität« nenne. Lassen Sie das meine Hilfswörter sein, die ich für Sie unsichtbar unter den Titel schreibe, um unterwegs nicht ganz die Orientierung zu verlieren …[4]

Angefasst werden

Ich habe vom Titel meines Sprechens, meines Vortrags gesprochen. Von diesen zwei Worten. Körper. Schreiben. Und auf jeden Titel folgt für gewöhnlich ein Textkörper. Nun sitze ich hier schon seit einiger Zeit und Sie auch, woraus wohl zu schließen ist, dass der Text längst angefangen hat. Aus den beiden Worten des Titels haben sich fast von selbst einige andere ergeben, hat mein Sprechen längst begonnen. Tatsächlich hat es vor zwei Jahren seinen Anfang genommen. Seit der Einladung zu diesem Vortrag, seither beginnt es immer wieder, beginne ich immer wieder. Ein Wust an Notizen, der in dieser Zeit entstanden ist. Seit zwei Jahren beginnt dieser Text. Beginnt immer wieder neu, weil etwas begonnen hat. Im Februar 2020. Und zwei Jahre später im Februar 2022 hat etwas ganz anderes begonnen. Und noch immer …

Ich beginne nun also nochmals, beginne damit, zu sagen, dass ich vor zwei Jahren und während der Pandemie den Boden unter den Füßen verloren habe. Sie können sich wahrscheinlich vorstellen und aus dem bisher Gesagten schließen: Wenn mein Schreiben nur durch das zukünftige Erscheinen der Körper der anderen, durch die Verkörperung DURCH und VOR bzw. MIT anderen IST, dann entzieht ihm die Abwesenheit der Körper seine Existenz. Wenn nicht das stille Lesen (wie etwa eines Romans, einer Erzählung), sondern raumgreifendes Sprechen in der Mit-Teilung[5] mit anderen seine ihm sonderbar eigene Existenzform ist, stürzt mein Schreiben ohne Stimme, Körper und Raum der Versammlung mit anderen ins Bodenlose. Oder es bleibt gefangen in dem, was es gerade nicht sein will: Text und Papier, stumm und entleibt. Und genau das waren meine Texte, das war mein Schreiben während Corona.

Und wieder eine Erinnerung: diesmal kein Interview, sondern ein letzter Besuch bei Freund:innen ein paar Tage vor dem ersten Lockdown. Die *Washington Post* hatte da bereits ein animiertes Infektionsmodell des SARS-CoV-2-Virus auf ihrer Homepage veröffentlicht. Kleine Kügelchen bewegten sich in einem rechteckigen Raum, prallten aneinander und an den Wänden ab und änderten daraufhin ihre Richtung, bewegten sich weiter. Rote Kügelchen trugen in dieser schematischen Darstellung das neuartige Virus. Stießen diese roten Kügelchen auf blaue, verfärbten sich diese ebenfalls rot. Graue Kügelchen bewegten sich nicht. Sie blieben an Ort und Stelle und kollidierten daher weniger oft mit den roten Kügelchen. In unterschiedlichen Varianten – je nachdem, wie groß der Anteil der unbeweglichen, social oder eher physical distancing praktizierenden Kügelchen war – zeigte die Simulation unterschiedliche Szenarien des Infektionsgeschehens. Die Abflachung der Kurve. Kügelchen anstelle von Körpern. Nach einiger Zeit verfärbten sich die roten Kügelchen wieder zurück und wurden blau – oder war es blau-strichliert? – als Zeichen vorübergehender Immunität. Ich weiß es nicht mehr. Auch nicht, ob ein bestimmter Anteil der roten Kügelchen in diesem Modell plötzlich verschwand, also verstarb. Kügelchen anstelle von Körpern. Ich weiß nur noch, dass ich bei Freund:innen auf der Toilette saß und auf meinem Handy diese Simulation betrachtete. Immer wieder, in unterschiedlichen Varianten. Ich wollte eines der grauen Kügelchen sein. Ein Jahr lang war ich das auch. Mehr als ein Jahr später würde ich ein rotes Kügelchen werden. Aber das wusste ich noch nicht. Dann kam der Lockdown. Ich wurde ganz und gar grau. Wie viele andere auch. Mein Körper, kein Kügelchen. Unbeweglich im Raum, an Ort und Stelle. Immer wieder, in unterschiedlichen Varianten, vom Lockdown zur Kontaktbeschränkung und in der Zeit danach, fast zwei Jahre lang. Die Theater waren anfangs geschlossen. Und immer wieder saß ich in diesen ersten Wochen am Fensterbrett und blickte auf die Straße. Niemand zu sehen. Fast niemand zu sehen.

Und hier überlasse ich nur für einen Augenblick PETRA die Stimme. PETRA, eine Figur aus einem meiner Stücke, beginnt zu sprechen. Eine junge Frau, die eine dystopische Zukunft bewohnt. Mehr müssen Sie gar nicht wissen über sie, über diese PETRA. Wie ich sitzt sie am Fenster und schaut hinaus. Die Mutter schläft, schon Nacht vielleicht, vielleicht auch nicht. Und PETRA spricht:

EWALD PALMETSHOFER

PETRA

ich sitz und schau
den Rest vom Tag
beim Fenster schau ich raus
den ganzen Tag
gibt's nichts zu seh'n
nur einmal kurz ein Fuchs
ganz dünn und mager
Schatten nur von einem Tier
und bei der Hecke wühlt im Müll
den Kopf ganz tief
liegt schwerer Hunger drauf
da geht die Haustür drüben auf
das alte Nachbarspaar
verlässt das Haus
und fort der Fuchs
und wieder nichts
fast ewig nichts
dann seh ich's rascheln in den Bäumen
hören kann ich's nicht
nur rascheln seh'n
und wie ein Kopf ein brauner großer
zwischen Bäumen
kommt hervor
aus dem Geäst, Gesträuch
vier lange dünne Beine
durch das Gras
und steht im Garten drüben
steht ein Hirsch
steht einfach so
und riecht und steht und schaut

mit riesig schwarzen Augen
schaut mich an
und rührt sich nicht
und schaut mich an
zu mir herauf
nein nein ich täusch mich sicher nicht
ich geh
ich geh vom Fenster weg
ich mach es zu
ich mach das Fenster zu
schaut immer noch
noch immer hoch,
der Hirsch
die Hörner, das Geweih
zwei tote Bäume,
denk ich
trägt der mit sich rum am Kopf
und dreht die Ohren, riecht
und kommt ein zweiter aus den Bäumen
kommt, bleibt steh'n und hebt den Kopf
und hoch
und schaut zum Fenster rauf
schau'n beide rauf
was wollt ihr denn?
was wollt denn ihr von mir?
hört auf!
ich geh aufs Klo
dann wieder hoch
steh'n die noch immer da
im Gras
und schau'n

und schau'n
und rühr'n sich nicht
dann plötzlich
Ohren spitzen
Kopf zur Seite
schnell
und kehrt
und springen
sind sie beide weg[6]

So saß ich also wie PETRA hin und wieder am Fenster. Keinen Fuchs sah ich. Und keine Hirsche. Aber im Haus auf der anderen Seite des kleinen Platzes vor meinem Wohnhaus tat es mir jemand gleich. Da saß ab und an auch jemand am Fenster. Wie ich. Ein Mann. Eine Frau. Tag für Tag. Dann trieb der Kastanienbaum auf halber Strecke zwischen uns Blätter und versperrte die Sicht. Bis der Herbst kam. Irgendwann, ein sonniger Tag, ich weiß nicht, ob ein Jahr vergangen war, vielleicht auch nicht, jedenfalls, ich saß am Schreibtisch, nicht am Fenster mehr, ich schrieb, ich las, ich blickte hoch, zum andern Fenster raus – zog Nebel draußen auf. Die Sonne schien. Zog Nebel auf. Ein Fehler in dem Bild, beim Aufsehn von der Tastatur. Ich stand vom Schreibtisch auf. Es kann kein Nebel sein im Sonnenschein. Was zieht da Schwaden durch die Luft?, dacht ich. Dann sah ich drüben in dem Haus im Hinterhof: Es lodern Flammenzungen aus dem Fenster, das weit offen steht. Seh Flammen, Feuer, Rauch. Am Fenster steh ich, seh ich, brennt ein Haus. Und da passierte es: Ich fing völlig unvermittelt zu weinen an. Ein Affekt. Unvorhersehbar. Ohne sich nur irgendwie angekündigt zu haben. Und kein Wort dafür. Das graue Kügelchen, es weinte, angefasst von etwas, dass es nicht benennen konnte. Ein Zusammentreffen mit draußen, einem Außerhalb. Und dabei ging es gar nicht um mich. Was geschehen war, war das Hinzutreten dieses einen zusätzlichen Elements beim gewohnten Blick vom Schreibtisch hoch beim Fenster raus. Ein Überschuss. Wieder. Zwischen mir und diesen Flammen, die da tatsächlich aus dem Fenster schlugen, bestand eine Art Verhältnis, für einen kurzen Moment. Ein affektives Band. Bewegt werden. Körperlich von einem Phänomen im Außen angefasst, affiziert. Angestoßen. In Bewegung versetzt von einer Wirkungskraft – eine sonderbare Form der Intensität.[7] Ein Affekt.

Und vielleicht ist das dem gar nicht so unähnlich, was in der Eröffnungsszene meines Stücks *Die Verlorenen* die Stimmen einiger und einiger anderer auszudrücken versuchen. Dass plötzlich etwas angestoßen, dass da etwas fraglich wird, unvorhersehbar, in unterschiedlichen Situationen. Sie sprechen dabei einzeln, eine oder einer spricht, immer wieder aber sprechen sie auch gemeinsam im Chor. Ein einzelner Körper – bloß meiner hier – ist dafür zu wenig. Ich lese trotzdem. Sie müssen sich also noch einige Körper mehr vorstellen. Und sie sagen:

NOCH EINIGE ANDERE

passiert uns immer wieder das
dass wir
den Bruchteil eines Augenblicks nur

EINIGE ANDERE

wir ertappen uns
erwischen uns dabei

EINIGE UND EINIGE ANDERE

verrückt

EINIGE ANDERE
die Zeit steht still

EINIGE
und bricht

EINIGE ANDERE
da bricht
bricht ein
bricht etwas ein
in uns
in DAS
nur kurz
reißt auf
ein Vorhang Spalt geöffnet
aufgerissen klafft in uns
und dann

EINE*EINER
das Pulver in der Küche vom Kaffee vielleicht verschüttet nach dem Lappen greifen wischen weg und einen Augenblick

EINIGE UND EINIGE ANDERE
verrückt

EINE*EINER
ein Blinzeln nur ein Lidschlag hält die Hand die mit dem Lappen inne kurz und:
hallo!
ist da?

EINE*EINER

oder vor dem Spiegel abends stehn, der Mensch, mit dem wir leben – falls es einen solchen gibt, sonst nur die leere Decke traurig – liegt im Bett und wartet oder schläft schon fast vielleicht auch fest und mit den Fingernägeln drücken einen schwarzen Pickel in der Falte wo der Nasenflügel in die Wange übergeht ein Stöpsel Talg schraubt sich aus dem Gesicht wie dieser Kot von Würmern oder so am Strand im Sand wir denken drücken fest und fester mit dem Nagel schaben und daneben einer noch und noch und noch und drücken aus und aus und können aufhörn nicht bis endlich Blut am rauen Rand vom Nagel unters Nagelbett mit roter wundgedrückter Nase stehn ertragen unsren Anblick in dem Spiegel nicht uns wenden ab von unserm Bild – grotesk – das Wasser läuft den Talg das Blut wir waschen von den Fingern Nägeln ab schaun hinterher ins Abflussloch und stehn und stehn wie lang wir wissen's nicht und:
hallo
hallo
ist da
ist da irgend-

EINE*EINER

in der Straßenbahn am Fenster sitzen wischen auf dem Handy Fotos fremder Männer Fraun verstohln nach links nach rechts – gefällt gefällt uns nicht – weil wir gefalln ja schließlich auch und dann auch nicht den andern und schaun hoch und trifft der Blick des Manns uns gegenüber und uns tastet ab von oben 'rab auf unsern Billigsdorfer-Schuhen landet schaut dann weg und keine Miene zeigt doch wir erkennen diesen Blick wenn die Gesichter andrer Menschen unbeweglich werden nichts zu lesen geben einen Abstand fast galaktisch un-

aufholbar einführn zwischen sich und uns und uns bedeuten dass wir in der Welt die sie bewohnen leider nicht für nichts infrage kommen Gott sei Dank wir kennen das den Blick genau schaun weg zum Fenster raus die Menschen auf der Straße abgewandt nur unterstreichen das und:
hallo
hallo, ist da

EINE*EINER

unser Arm auf einer Lehne ausgestreckt die Beuge frei gemacht ein Tupfer wischt der Alkoholgeruch gleich wieder weg verflüchtigt sich ein Gummischlauch von einer Ärztin straff gezogen treten trotzdem keine Venen – »schlecht sehr schlecht« sagt sie – dann schaun wir weg nach rechts ein Fenster suchen gibt's hier nicht das Neonlicht die Röhren hinter Gittern auf der Decke Platten abgehängt mit Löchern drinnen groß und klein dahinter sicherlich Asbest spielt keine Rolle mehr, wir denken, erst beim vierten Stich der Ärztin Bohrung endlich eine Ader trifft und zapft uns ab gefühlte Ewigkeit wir fließen aus die Augen feucht das Pflaster lieblos technisch angebracht uns zu verschließen wieder hochgeklappt der Unterarm »hier halten das« und auf der Straße draußen stehn und reißen's wieder ab und auf den roten Punkt auf diesem Gaze-Gitter stiern dann wandert unser Blick Fassaden unbekannter Häuser hoch zum Himmel und wir denken gar nichts gar nichts:
ist
ist

EINE*EINER

auf dem Spielplatz eine Mutter ihre Tupperdose öffnet Gurken und Karöttchen feinst geschnitzt darin und Locken aus ge-

pufftem gelbem Bio-Hirse-Dichtungsschaum sie nimmt davon mög sie ersticken dran, wir denken, und erschrecken gleich wie man so bös sein kann sie hat uns nichts getan naja ihr Kind ein Mädchen – weiß man nicht – kommt auf sie zugelaufen in die Dose greift läuft mampfend wieder weg das unsre unser Kind uns von der Rutsche oben winkt wir nicken – nein, für mehr, ein Winken, reicht es nicht – die andern Mütter sprechen was wir hörn nicht zu und intressiert uns nicht der Sprechmüll ausgetauschter Unbedeutsamkeit geht uns am Arsch vorbei dann kommt ein Einhorn im Galopp und spießt sie alle auf gehn Listen durch im Kopf den Rest des Tags der Woche unbezwingbar weit der Monatserste mit dem Geld für eine Zigarette jetzt sofort wir würden morden unser Kind vor uns in Tränen brüllend plötzlich großes Elend rinnt der Rotz das Aua küssen wir und drücken es das arme Ding den Schatz an uns und streicheln's halten's fest die Mütze richten Tränen wischen weg die Nase schnäuzen schaun das Aua nochmal an und blasen drauf ein Zauberspruch gesprochen drüber »heile-heile-alles-gut« da läuft's schon wieder weg wir schaun ihm nach wie sehr wir lieben wundert freut uns rührt zu Tränen hätten's gerne länger ewig festgehalten uns an ihm uns hält sonst keiner denken wir und tun uns furchtbar leid nur kurz und hassen uns sofort dafür bestimmt den Rest des Tags verdammt man will doch einfach auch nur einmal festge- kann wer sagen »alles gut wird alles gut« zu uns und »heile-heile«
ist da irgend-?
hallo?
ist da?

Ich hatte also ein bisschen den Boden unter den Füßen verloren, sagte ich. Vor zwei Jahren, die Theater geschlossen, konnte niemand wissen, ob die Pandemie der Anfang vom Verschwinden dieser meiner Kunstform gewesen sein wird. Was, wenn wir uns nie mehr körperlich nahekommen können würden, nicht als Spieler:innen auf der Bühne, nicht als Publikum. Was, wenn diese Kunstform der Versammlung und körperlichen Präsenz auf lange Zeit unmöglich sein würde? Und was würde da verschwinden, wenn Theater verschwindet? Und was würde aus meinem Schreiben werden, wenn es nicht mehr auf das Ent-Schreiben, die Verkörperung durch Spieler:innen vor Publikum bauen könnte? Was würde fehlen, wenn Theater nicht mehr wäre? Was glaubte und glaube ich, nur in dieser Kunstform zu finden – in dieser geteilten Gegenwart zwischen Bühne und Zuschauer:innen, nicht im Stream, nicht auf Netflix, nicht in Romanen, Essays, Lyrik, theoretischen Texten? Was ist es denn? Und wofür schreibe ich?

Affekte

Hätten Sie mich vor drei, vier Jahren gefragt, ich hätte vom Theater als Unterbrechung, als Unterbrechung des gewohnten Blicks, der bestehenden Ordnung gesprochen – im Sinne Hans-Thies Lehmanns.[8] Unterbrechung also, einer vielleicht ästhetischen Erfahrung, die eine Störung einpflanzt im Blick der Zuschauenden auf die Dinge, so dass diese nach der Vorstellung nicht mehr so einfach und widerstandslos an ihren Platz zurückkehren. Störung und Unterbrechung. Aber da alles schon unterbrochen und gestört war. Was blieb denn da noch? Und was würde ich vermissen, wenn ich mich ans Theater erinnerte? Und was vermisste ich schon jetzt?

Und noch immer, während sich die Zuschauerräume der Theater nur zögerlich wieder füllen?

Und vielleicht ahnen Sie es schon: Was fehlen würde und fehlte war das, was im Eingeständnis meiner Nervosität zu Beginn meines Sprechens hier erstmals Begriff geworden ist, ein Begriff, von dem ich sagte, er würde mir zu Hilfe kommen. Und das hat er auch getan und sich schon an ein paar Stellen in diesen Text eingeschrieben: Affekt. Es war das Affektive, das ich zu vermissen begann. Ich meine damit nicht Emotion oder Gefühl, sondern eine ganz bestimmte Form der körperlichen Affizierung, der Intensität im Erleben, die aus den Körpern der Spieler:innen kommt und zwischen ihnen und mir besteht, für einen Augenblick vielleicht nur, in einem Satz, im Rhythmus der Sprache, in einem laut ausgesprochenen Gedanken, einer Geste – etwas wird angestoßen, etwas wird fraglich, in der gleichzeitigen Gegenwart mit anderen. Es ist diese Mit-Teilung der Körper, die fehlt, wenn Theater nicht ist, wenn es verschwinden würde. Nicht so sehr Unterbrechung, sondern Affizierung. Das, was mir an jenem sonnigen Tag am Fenster passiert ist, vielleicht, auf andere Weise. Oder das, wovon die Stimmen der Verlorenen gerade eben berichtet haben.

Und vielleicht trifft dieser Begriff auch das, was mir lange vor meinem Schreiben fürs Theater widerfahren ist. Noch eine Erinnerung also: Es war im Sommer 1997. Während meiner Zeit als Zivildiener. Ich war neunzehn Jahre alt, meine Schwester fünfzehn. Ich fuhr mit ihr in eine Kleinstadt – Grein an der Donau – eine halbe Autostunde von dem Dorf entfernt, in dem wir beide aufgewachsen sind. Im Rahmen eines regionalen Kulturfestivals wurde dort zu beiden Seiten das Donauufer bespielt. Eine Theateraufführung im Freien. Das Publikum wurde an Bord eines Frachtschiffes gebracht. Wir – meine Schwester und ich – standen auf dieser immensen Ladefläche. Das Schiff legte ab und fuhr stromabwärts, vorbei an einer beleuchteten Ruine hoch oben über den Felsen im Wald, machte kehrt und fuhr stromaufwärts zurück, vorbei an dieser kleinen Stadt und noch weiter gegen die Strömung die Donau hoch. Auf beiden Seiten des Ufers waren Statist:innen zu sehen. Am Bug des Schiffes stand ein Sprecher:innenchor, uns zugewandt, mit dem Rücken zur Fahrtrichtung. Chorisch sprach man zu uns, bewegten sich Gruppen von Personen an beiden Ufern, durchmaß das Schiff eine geografische Strecke und versuchte dabei, eine ideologische Spur in Erinnerung zu rufen und aus der pittoresken Landschaft und dem Vergessensregime der Region herauszulösen, ein katastrophaler Bogen vergifteter, menschenverachtender, menschenzerstörender Ideologie, von dieser Ruine – im ausgehenden 19. Jahrhundert und danach Sitz antisemitischer, deutschnationaler Zirkel, früher Austrofaschisten – bis zu jenem Ort, der wenige Kilometer donauaufwärts liegt: die heutige Gedenkstätte des ehemaligen Konzentrationslagers Mauthausen. Ich erinnere kaum mehr als das von dieser Freiluftaufführung. Irgendwann schrie der Sprecher:innenchor auf uns ein, da hatte das Schiff längst begonnen, flussaufwärts gegen die Strömung anzupflügen, auf der Bahnstrecke parallel zum Flussufer eine Eisenbahn zu jenem Ort – Mauthausen. Das Schiff machte abermals kehrt und legte schließlich wieder an, das Publikum ging von Bord, und irgendwann dann muss es passiert sein, dass meiner Schwester schwarz vor Augen wurde. Sie musste sich setzen. Etwas an dieser Konfrontation mit der Vergangenheit dieser Region hatte sie aufs Massivste affiziert. Ich stand daneben, vielleicht holte ich ihr Wasser, all das erinnere ich nicht mehr. Ich erinnere nur noch, dass ich dachte, für so etwas arbeiten zu wollen, irgendwann. Ich hatte keinen Begriff für dieses Etwas. Ich kannte das Theater nicht. Ich komme aus einem Dorf. Die nächste große Stadt lag eine Stunde mit dem Auto entfernt.

Es war während des ersten Lockdowns, dass mir diese Episode fünfundzwanzig Jahre später wieder eingefallen ist, als ich mich auf die Suche begeben hatte nach dem, was fehlen würde, wenn Theater nicht mehr möglich sein, nicht wieder zurückkommen würde: Affizierung. Und ich habe daraufhin begonnen nachzulesen …

Affekt ist das Vermögen eines Körpers zu affizieren und affiziert zu werden. Auf dem Weg von Spinoza über Deleuze und Affekt-Theoretiker:innen der Gegenwart gelangt man zu dieser Definition.[9] Körper affizieren und werden affiziert, eine Veränderung der Wirkmächtigkeit und Intensität findet statt.[10] Von Körpern ausgelöst, in Körpern ausgelöst.

Körper schreiben also. Für Körper schreiben. Und das Geschriebene wiederum ent-schreiben, das heißt sprechen, spielen, in Dialog treten mit anderen auf der Bühne, wechselweise oder chorisch eine Sprache durchmessen, ihr Lautstärke geben, ihrer Form folgen und ihren Rhythmus körperlich, stimmlich erfahrbar machen. Und einen Raum, einen Zwischenraum eröffnen, in dem Affektion geschehen kann. Körper auf der Bühne wirken, sie wirken aufeinander, wirken auf einander ein, sie sind konkret physisch wirksam, schlagen, streicheln, stoßen, tragen einander, sind zueinander in Nähe oder Distanz angeordnet, sind in Bewegung oder statisch im Raum. Und sie wirken durch ihr Sprechen. Performativ. Was sie tun, tun sie als sprechende Körper. Sie sind hörbar, sind zu vernehmen und arbeiten am Gedanken, an ihrer Welt, der Situation, in der sie sich befinden, arbeiten sprechend aneinander. Sprache ist – so betrachtet – eine Fern-Kraft der Körper, eine Art der Wirksamkeit oder Wirkmächtigkeit, die sie über die physische Distanz hinweg aufeinander ausüben. Sprache ist Berührung (oder eben Affizierung) der Körper über die Entfernung. Und vielleicht merken Sie schon: Ich versuche hier Sprachhandeln, Sprache als Akt oder einfach den

Sprechakt, den Akt oder die Arbeit des Sprechens durch die Brille des Affekt-Begriffs zu lesen. Wenn ich für Körper schreibe, bedeutet das, für sprechhandelnde Körper zu schreiben. Fast alles, was die Figuren in meinen Stücken tun oder erleiden, tun oder erleiden sie auf sprechende Weise oder sprachlich gefasst, ihr Tun und Erleiden ist in erster Linie Sprechen. Wirksamkeit, Wirkmächtigkeit, Einwirkung durch Sprache, gesprochene Sprache, Akte des Sprechens. Affizierung. Aus Körpern heraus.

Sogar die körperlich intimste Zuwendung, die Freude und Lust am Körper des:der anderen findet als Sprache statt. Wie beispielsweise in meiner Überschreibung oder Neu-Dichtung *Edward II. Die Liebe bin ich* nach Christopher Marlowe. Es ist GAVESTON, der da spricht. Ein Mann, der über den Abgrund unermesslicher Klassendifferenz hinweg liebt und begehrt. Und der dieses Begehren und dessen Akt seinem geliebten Edward als Sprache übergibt:

GAVESTON

jetzt liegst du da
im Bett aus Federn
vor mir ausgestreckt
schau ich dich an
ein jedes Stück
und jeden Teil von dir
das einen Mann und König macht gesamt
beginn zu küssen
kosten
kosen
dich
nein nicht

halt still
erst ich
muss jedes Stückchen Du
von meinem Mund betastet und beleckt bedeckt
betrachtet
mündlich schreit ich
Stück für Stückchen über Edward dich
bis allsamt du in mir
gewesen bist
als hätt dein Gaveston
gegessen dich
die Zunge
roter Teppich
ausgerollt für dich
hast du von Kopf bis Fuß betreten mich
ich schmeck dich
Haut und Haar
und Nägel Narben
bist nicht ich
ich wär so gern
ein jeder Teil von dir
wie meiner nicht
macht weinen mich
du bist
bist schön
und König
bin ich beides nicht
weil ich bin ich
wie fürchterlich
bin ich alleine, stört's mich nicht
bin ich bei dir, will ich zerreißen mich

EDWARD

ich denk das Gleiche
seh ich dich
dann hass ich mich
weil du bist schön

GAVESTON

doch bin ich König nicht

EDWARD

durch mich
du bist's durch mich

GAVESTON

und was geb ich?
im Tausch
dafür
die Gosse bring ich
bin ich
fließt durch mich
ergießt in dich

EDWARD

nach Leben schmeckst
nach Alles
Welt
drum will ich dich

GAVESTON

ich möcht zum Küssen niemals aufhörn
küssen überall für immer dich

bis nur nach dir ich schmeck
und Mund und Zunge Rachen Schlund
ganz Edward sind und sonst mehr nichts
küss weiter drum
und weiter
da
und da
und da
die Hand
ich schmeck
schmeck mich
verdammt
noch immer ich
kost weiter da
die andre
andre Hand
was tat sie?
sag
als ich gezwungen
fort
sag nichts!
ich rat
sie schmeckt
sie hat
Gesetze unterzeichnet
Steuern einzutreiben
Krieg den Feinden zu erklärn
und hinzurichten
Mann und
Frau
die eigne

EWALD PALMETSHOFER

deine
schmeck ich
angefasst
die Königsfrau
im Bett bei Nacht
das schmeckt mir nicht
muss anders küssen wo
die Arme
Achseln
Brust
und links und rechts
und an den Warzen land und innehalt umkreis
im Vorhof meine Zunge wandelt um die Warzen
steif jetzt
rundherum
beiß rein
und zwischen Zähnen zieht sie sich
die Königswarze schnell zurück
und hoch am Hals
schmeck Salz
und Schmalz im Ohr
und züngelnd in die Muschel gleit
und Worte flüstre
atme
hauch
hinab zum Bauch
zum Nabel
ruh mich aus
die Nase grab in dich und atme
lausch
hör die Gedärme singen drinnen

kost ich jedes Haar, das wächst
vom Nabel dicht hinab
durchkämm mit Zähnen
bis zum Schwanz
das Ei
aus Gold
mit Samen königlich
darin
saug's ein
mit Lippen spitz
es spannt der Sack
das andre auch
das Ei
nehm's auf
im Mund zwei Königskugeln kreisen
riech ich Lendenschweiß
und fährt die Zunge nach die Naht am Sack
zur Spitze hoch und hoch
und tänzelt hin zum Schlitz
weint goldne Träne Tropfen
Königstau dort sprießt
ich kost
ein seidner Faden
fein gesponnen
hin zur Lippe zieht
und tief
die Naht zurück
die Zunge
zwischen Backen
gleitet
Londons Rose

zärtlich
küss

Körper. Schreiben. Ich habe heute davon gesprochen, dass mein Schreiben durch die Körper der anderen (der Schauspieler:innen) ent-schrieben werden muss. Dass seine einzige Seins-Weise die des Gespielt-Werdens in der Mit-Teilung mit anderen ist – also in der geteilten Gegenwart mit Zuschauenden. Und dass sich in diesem Zwischenraum zwischen den unterschiedlichen Körpern – spielenden und zuschauenden – Affizierung herstellen kann. Durch die Körper und durch sprachliches Handeln – durch Sprache als Fern-Kraft dieser Körper. Und ich habe davon gesprochen, dass diese Affizierung das ist, was ich in den vergangen beiden Jahren zu vermissen begonnen habe. Und ich glaube, dass darin eine Besonderheit von Theater liegt.

Ich werde nächste Woche diesen Gedanken fortführen und von der Gewalt und vielleicht auch von der Schwierigkeit des Anfangs sprechen. Und damit ende ich für heute.

VORTRAG 2

»Körper. Schreiben.« Noch immer. Oder wieder. Über diesen Titel habe ich vor einer Woche ziemlich ausführlich gesprochen. Und gleich zu Beginn habe ich – Sie erinnern sich wahrscheinlich – von einer quasi körperlichen Verdoppelung meinerseits gesprochen. Mein den letztwöchigen Text schreibender Körper war da von seinem sprechenden Körper aus der Zukunft sozusagen heimgesucht oder überfallen worden – mit den entsprechenden Folgen, die ich heute, jetzt lieber nicht beim Namen nennen möchte. Aber trotzdem. Dieses Mal ist es fast NOCH komplizierter, weil, während ich das hier schreibe oder lese, gleich noch ein Körper MEHR auf sich aufmerksam macht, mein gelesen habender Körper von letzter Woche nämlich, also jener Körper aus der jüngsten Vergangenheit, der da also noch hinzutritt, der vor einer Woche zwar an anderer Stelle saß, an einem anderen Ort, aber aus der Erinnerung hier plötzlich anwesend und irgendwie auch da ist, und dabei eine verlockende Sehnsucht auslöst in mir: Könntest du nicht übernehmen, du Körper, wie letzte Woche, das hast du doch schon, du hast das doch schon mal gemacht, kann ich das nicht vielleicht abtreten an dich? Aber natürlich nicht. Und da tritt er schon weg, dieser letztwöchige, wenn auch nicht ab, dreht sich um, dieser nun also dritte Körper, und nimmt Platz und schaut mir zu aus der Vergangenheit, wie es seiner zukünftigen Gestalt, also mir heute, wohl ergehen wird. Zu Hilfe kommt er mir nicht. Mir nicht und diesem Text nicht, der nun also mit einem Körper mehr umgehen muss, einer Verdreifachung, während ich, mein Körper hier, nicht zurück kann in der Zeit oder in mich, um einfach dort weiter zu machen, wo ich war, auf die gleiche Art, und ohne diesen Affekt – jetzt spreche ich es doch aus, dieses Nervös-Sein, egal –, ich versuche dort anzuknüpfen, wo ich war, den Faden zu finden und wiederaufzugreifen.

Ich habe beim letzten Mal behauptet, für die Körper zu schreiben, das heißt, Texte zu schreiben, die von Schauspieler:innen ihrerseits ent-schrieben werden, also verkörpert und in gesprochene Sprache transformiert, während sie – die Spielenden – sich in unterschiedliche körperliche Relation zueinander und dem Publikum gegenüber begeben. Und ich habe davon gesprochen, dass in der körperlichen Ko-Präsenz mit Zuschauenden Affizierung stattfinden kann. Mit dem Begriff des Affekts wollte ich das einkreisen oder dem auf die Spur kommen, was ich vermissen würde, wenn Theater fehlt oder fehlte. Ich habe versucht, den Akt des Sprechens als affizierendes Geschehen zu denken, Sprache als Fern-Handeln, als Wirkmächtigkeit, Berührung oder Anstoßung – sowohl zwischen Spieler:innen oder Figuren als auch zwischen dem Geschehen auf der Bühne und dem Publikum.

Vielleicht haben Sie während meines letzten Vortrags oder in der Zeit seither gedacht: »Ja, aber ist das nicht vielleicht ein bisschen zu allgemein?« Oder: »Aber dieser Affekt-Begriff, der hat doch auch seine Tücken, nicht wahr?« Sollten Sie das gedacht haben, geht es Ihnen wie mir. Und darum werde ich heute versuchen, weniger allgemein zu sein und auf diese Tücken einzugehen. Es könnte sein, dass mir das nicht gelingt. Das muss ich gleich vorausschicken. Sie werden mich tastend erleben. Vielleicht stammelnd. Eine Schwierigkeit also. Gleich vorweg. Wie beim letzten Mal beginne ich mit einer Schwierigkeit. Ich werde dabei versuchen, meine Gedanken zum Begriff des Affekts oder der Affizierung vom letzten Mal an zwei, drei Punkten scharf zu stellen, indem ich verdeutliche, was ich damit nicht meine. Vielleicht werde ich mich darin verheddern und aus diesem Fadenspiel und den Verknotungen, die ich angerichtet habe, nur herauskommen, indem ich – wie beim letzten Mal – bei den Stimmen meiner Figuren Zuflucht suche. Ihr Ton wird wieder vertraut klingen, selbst dann, wenn dem Duktus des Vorangegangenen das nicht gelungen sein sollte.

Affekt und Unverfügbarkeit

Ich beginne mit der vielleicht wichtigsten Scharfstellung, Korrektur oder Präzisierung: Affekt ist nicht die Botschaft. Das heißt, Affekt ist nicht das, was sich durch Sprache, Spiel oder Interaktion auf der Bühne dem Publikum zustellt, oder zustellen soll. Und Affekt ist auch nicht das intendiert herbeigeführte Übermittlungsziel oder die Übermittlungsabsicht der theatralen Interaktionen auf der Bühne, er ist kein kontrollierter Output aufseiten der Empfänger:innen – also mitunter auf Ihrer Seite. Und er ist auch nicht das Behältnis, die Umhüllung, nicht der Briefumschlag oder die Trägersubstanz der zu übermittelnden Sendung. Es geht hier nicht darum, ein Sender:innen-Empfänger:innen-Modell einzuführen, das um eine schwer greifbare affektive – also vielleicht lediglich emotional intensivierte – Dimension erweitert wurde. Körper affizieren und werden affiziert, aber nicht im Sinne einer Botschaft, nicht als kalkulierbares reaktives Geschehen und auch nicht als Effekt besonders intensiver Sendetätigkeit. Sie kennen das vermutlich aus Ihrer eigenen Zuschauer:innenerfahrung: Intensives (Schau-)Spiel – oder wie in meinem Fall jetzt hier gerade: intensives Sprechen vielleicht – führt nicht notwendigerweise zu intensiver Reaktion, intensivem Erleben auf Ihrer Seite. Mitunter kann das Gegenteil der Fall sein. Etwas verschließt sich. Eine Tür geht zu. Ein bis dahin offener Raum dazwischen, zwischen Ihnen und dem Bühnengeschehen, schrumpft, verengt sich, zieht sich in sich zusammen, implodiert. Man bleibt außen vor. Der Faden ist gerissen. Damit wäre – ginge es um einen Prozess des Sendens und Empfangens – Affektion gescheitert.

Und ich sollte noch auf ein anderes Problem dieses Sender-Empfänger-Modells hinweisen: Dass es nämlich in der Gefahr steht, seine Empfänger:innen vorwegzunehmen, dass es sozusagen einen bestimmten Affizierbarkeits-Modus, eine entsprechende Gestimmtheit bei seinen Empfänger:innen voraussetzt oder ganz einfach unterstellt. Doch auch die Seite des Sendens müsste in diesem Modell von einer Voraussetzung ausgehen, nämlich zu glauben, die Gesamtheit der eigenen Mittel – in der Sprache und im Spiel – zu kennen, sich im Vollbesitz darüber zu wähnen und dann noch eine quasi ideale Empfangs- oder Empfänger:innen-Situation zu setzen bzw. herstellen zu können, um die gewünschte Affektübertragung zu garantieren. Beide Annahmen übersehen oder blenden aus, dass jedes Gegenüber, jede zuschauende Person, eine undurchdringliche, unverfügbare Wirklichkeit darstellt. Affizierung am Theater ereignet sich in einem Raum unhintergehbarer Unverfügbarkeit sowohl hinsichtlich möglicher Effekte der Mittel als auch des Erlebens aller daran Beteiligten.

Ich habe beim letzten Mal – im Nachgespräch – von einer Erfahrung erzählt, die das vielleicht verdeutlicht. Ich erinnere mich an einen Theaterbesuch vor ein paar Jahren, wie ich in der Vorstellung eines meiner Stücke saß und zu meiner Überraschung gar nichts passierte mit mir, nichts passieren wollte, sich nichts herstellte, nichts zustellte, keine Regung in mir ausgelöst, nichts angestoßen wurde. Ich blieb außen vor, diesen gemeinsamen Raum der Schauspieler:innen und des Publikums auf sonderbare Weise nicht bewohnend, ihn vielleicht gar nicht wirklich betreten habend, mir selbst vielmehr beim Zuschauen zuschauend. Ein Körper, ich, der sitzt und schaut, und ein Körper der sich selbst dabei zuschaut, wie er sitzt und schaut. Wieder zwei Körper – aber diesmal, ganz anders als bei der Verdoppelung meines Körpers, von der ich beim letzten Mal gesprochen habe, diesmal nämlich ganz ohne Affekt. Und ich glaube nicht, dass das der Inszenierung anzulasten war. Ganz und gar nicht. Ich blickte mich um und glaubte ahnen zu können, dass die anderen Menschen in Raum diesen gemeinsam mit den Spieler:innen durchaus betreten hatten und ihn auf unterschiedliche Weise bewohnten. Ich selber aber – es wollte mir nicht gelingen – ich kam da nicht rein. Ich hatte an jenem Abend etwas anderes gesucht, wollte an anderer Stelle angefasst werden, an anderer Stelle berührt werden. Aber nicht dort, nein leider, nicht dort, wo mich mein eigener Text offenbar treffen wollte. Das hatte ich mir beim Schreiben wirklich anders vorgestellt, das hatte sich mein Text anders vorgestellt, hatte sich mich als Zuschauenden anders vorgestellt, der ich an jenem Abend nicht berührbar war. Damit hatte er nicht rechnen können, da hat er sich leider verrechnet mit mir. An dieser Stelle war ich an jenem Abend auf sonderbare Weise nicht empfänglich. Da konnte ich getextet haben, was ich wollte. Da war nichts zu machen an jenem Abend. Ich wollte etwas Zartes, zugegeben, da hätte mich etwas von hinten erwischen müssen oder von der Seite, etwas Stilles vielleicht, vielleicht etwas ohne Text sogar. Aber derartiges hatte ich nicht geschrieben. Und wie hätte ich auch wissen können, beim Schreiben, wonach ich Jahre später – in der Zukunft – suchen würde, wonach ich mich sehnen würde, von welcher Seite her man mir würde vielleicht begegnen müssen, später, zukünftig, oder vielleicht auch nur an jenem Abend. Und ich wusste es selber ja auch nicht, wie ich da im Theater saß und mir selber zuschaute mit nicht mehr als einer bloßen Ahnung, dass da etwas fehlte, an jenem Abend, mir.

Es ist paradox, denn letztlich sind Momente wie dieser wesentliche Impulsgeber für meine eigene, interne Textkritik – nach der immanenten Kritik im Prozess des Schreibens und nach der Premieren- oder Aufführungskritik anderer: mich selbst als Publikum zu beobachten – Aufführungskritik als Ort der Textkritik, um Schlüsse zu ziehen, aus dem, was fehlt, was mir fehlt. Um beim nächsten Text an diesem Fehlen zu arbeiten – vielleicht. Aber eben nur innerhalb eines weiteren Textes, der schreibend Antwort sucht auf das Vermissen in einem ihm vorausgegangenen Text, ein aus der Kritik am Text heraus entstehender weiterer Text, der dieses Fehlen zu ergründen sucht, ein Text als neuerlicher Versuch, als neues Material, das den später spielenden Körpern überantwortet werden wird. Und Sie ahnen es schon: Das hört nie auf, wird nie aufhören. Bis es einen Letzten geben wird – nicht als unverbesserlichen Text, sondern als Text, nach dem es abbricht, das Schreiben geendet haben wird, wegen des Körpers, dessen Arbeit dies WAR. Imperfekt. Un-perfekt. Mit einem neuerlichen Fehlen, das bleiben wird, weil kein kommender Text darauf wird reagieren können, außer vielleicht Texte anderer. Kommende Texte kommender anderer. Körper. Aber bis dahin hört es nicht auf. Weil Vollbesitz – das gibt es nicht. Und Wissen um die Kommenden, die hören und schauen und da sein werden – auch das gibt es nicht.

Wenn ich meine eigene Zuschauererfahrung als Impuls weiterer, veränderter Textarbeit aufzugreifen versuche, dann nicht auf der Blaupause dieses Sender:innen-Empfänger:innen-Modells, nicht um etwa auf der Text-Seite des Sendens vielleicht besser auf sein Empfangen einwirken zu können. Denn immer noch gilt, dass der performative Prozess des Ent-Schreibens und der Verkörperung durch Schauspieler:innen genauso unverfügbar bleibt wie die mit den Spieler:innen gemeinsame Aneignungs- und Übersetzungsarbeit des Publikums. Ich mag an meiner Sprache arbeiten, aber sie – oder ich – kann den Ort, auf den sie trifft – die Körper – und deren affektives Geschehen nicht vorwegnehmen, nicht als Ziel verfolgen. Es sei denn, meine Sprache wollte sich zu einer Überwältigungssprache verengen oder verhärten, zu einer Sprache aufschwingen, die versucht, das Gegenüber in Beschlag zu nehmen. Ein Sprechen also, das Sinnkonstruktion zu erzwingen versucht, das Sinn als vorgegebenes Etwas setzt, offene Resonanzräume besetzt, aktiv an deren Schließung arbeitet, sodass Sinn nicht in der Freiheit gemeinsamen Ringens um Bedeutungen, nicht im Sich-Aussetzen einer Fraglichkeit entstehen kann. Sinn, der entstehen mag, jedoch nicht als Antwort oder als etwas, das empfangen wird, sondern Sinn als fragende Praxis, in je unterschiedlichen, veränderlichen körperlichen Konfigurationen des Mit-Seins mit anderen – am Theater, zum Beispiel, vielleicht.

In einer Fußnote habe ich es schon angemerkt – ich habe mir hier etwas ausgeliehen, bei Jean-Luc Nancy, dem kürzlich verstorbenen französischen Philosophen, nämlich dass Sein Mit-Sein ist, Präsenz immer Ko-Präsenz und Sinn in dessen Mit-Teilung MIT anderen besteht. Bedeutung oder Sinn also, der sich dort (am Theater) vielleicht ereignet: in der Arbeit zu sprechen, zu übersetzen und zu deuten, vorübergehend, unabschließbar und offen, in dieser körperlichen Vermittlung, in gesprochener, verkörperter Sprache. Vielleicht ist es in diesem Mit-Teilen von Körpern,[11] die sprechend einander begegnen, in dieser gemeinsamen Befragung und Übersetzung, dass so etwas wie Sinn entstehen könnte, also Bedeutung, Formen der Wirklichkeitserschließung, und eine flüchtige Form von Wahrheiten, die wieder vergehen, die nur für die Zeit der Aufführung oder sogar nur für einen Moment bestehen, in dieser gemeinsamen Präsenz von Menschen, die sich an der Fraglichkeit der Existenz und ihrer Bedingungen abarbeiten … am Theater.[12]

Ich hole Luft. Vielleicht verlaufe ich mich. Vielleicht verstricke und verheddere ich mich, während ich nach wie vor versuche, dem auf die Spur zu kommen, was fehlte, wenn Theater nicht wäre. Vielleicht bin ich ihm durch diesen Umweg aber auch ein bisschen nähergekommen, indem ich versucht habe, den Fängen dieses Sender:innen-Empfänger:innen-Modells zu entkommen. Affekt übermittelt sich nicht (als Botschaft oder Effekt) auf dem Weg eines derartigen Modells. Vielmehr gilt es, Affekt als Denken eines Zwischenraums zu begreifen, als relationales Geschehen,[13] das sich vielleicht ereignen kann, überraschend, unplanbar, wie ein Ereignis unvorhergesehen. Und vielleicht gilt es, vorsichtig zu sein – das heißt hier also ich, mein Schreiben – und diesen Zwischenraum offen zu halten, diesen Resonanzraum möglicher Anstoßung zwischen Körpern. Und ja: Sprache bewegt sich in diesem Raum, durchquert ihn, übt Fernwirkung aus. Aber sie ist nicht Affekt-Garant. Sie ist ein möglicher Modus der Anstoßung, doch kann ihre Wirkung mitunter ins Leere laufen. Und ich möchte hinzufügen: Manchmal, in anderen Bereichen zwar, tut sie das zum Glück auch. Wenn nicht, muss man sich unter Umständen gegen sie schützen. Darauf komme ich gleich zu sprechen.

Zuvor aber noch eine weitere, letzte Scharfstellung. Affekt ist also nicht die Botschaft, sondern Unverfügbares im Dazwischen. Und Affekt ist nicht mit Emotion identisch. Affekt öffnet vielmehr einen Raum, in dem gilt: Ein Gedanke, eine Reflexion, eine sprachliche Wendung geht unter Umständen mit einer bestimmten Art der Intensität, einer körperlichen Qualität einher. Weder in der Hervorbringung noch in seiner Mit-Teilung oder Vermittlung findet Denken im Jenseits von Körpern statt, in einem körperlosen, körperfreien Raum geistiger – wie soll man es nennen? – Selbstanstoßung. Vielleicht ist der Begriff des Affekts, wie ich ihn verwende, also auch nur das: Der Versuch, eine dualistische Spaltung zwischen Emotion und Ratio zu überwinden oder zumindest für einen Moment außer Kraft zu setzen, indem Wirklichkeit als körperlich vermittelt gedacht wird. Denken IST körperlich. So wie Sprechen auch. Reflexion geht mit Sensationen einher, also mit körperlichen, sinnlichen, affektiven Qualitäten. Welt WIRD körperlich erfahren, das heißt die Körper der Welt der Dinge wie auch die der Menschen in ihrer körperlichen Präsenz mit uns. Aber auch das Nicht-schon-Körperliche, die Idee. Sie wird nicht nur von Körpern gedacht oder durchdrungen, sondern be-trifft Körper, trifft auf Körper, die sich ab und an entschließen, Träger:innen dieser Idee oder jener Überzeugungen, dieses Gedankens oder – ja! – auch dieses oder jenen Irrtums zu werden. Denken oder Reflexion sind nicht nüchtern, nicht körperlich steril. Sie sind – vielleicht kann man das so sagen – affekt-offen. Und vielleicht ist Theater ein Ort, um dies immer wieder je neu zu überprüfen und zu erfahren.

Vielleicht taugt der Affekt-Begriff auch dazu, einen weiteren Dualismus zu überbrücken, nämlich jenen zwischen der Wirksamkeit menschlicher Subjekte einerseits und Nicht-Menschlichem, Materiellem, andererseits. Sie erinnern sich an die Flammen und den Rauch aus dem Fenster im Haus gegenüber. In Bewegung versetzt werden von einem Ding – über die räumliche Distanz hinweg sogar. Also all das, was am Theater nicht Text, nicht Sprechen oder Körper ist, die Welt der Dinge, auf der Bühne hingestellt. Ein Eisblock, der schmilzt, wie in Robert Borgmanns Inszenierung meines Stücks *die unverheiratete*, oder eine Babyschale, abgestellt in einem Flur, wie in Nora Schlockers Inszenierung meiner Überschreibung von *Vor Sonnenaufgang* nach Gerhart Hauptmann. Dinge, als würden sie sprechen, ganz ohne Text, und dabei affizieren. Dinge, die auf ihre Weise mitspielen. Mein Schreiben stellt nur den sprachlichen Teil dieser Bewegungen zur Verfügung, das sprachliche Material in diesem Zwischenraum oder für ihn, für die Körper. Wirkmächtige Ohnmacht. Am Theater sprechen beide: lebendige Körper und stumme Materie.

Körper. Schreiben. Unter diesen Titel schrieb ich, das sagte ich letzte Woche, ein paar Begriffe, wie Hilfswörter, für den Fall, dass ich die Orientierung verliere. Vielleicht ist die Zeit gekommen, den Affekt-Faden nun fallen zu lassen. Ich lasse ihn aus den Fingern gleiten, lasse ihn liegen, suche einen anderen, der hinausführt oder hinein – wer weiß das schon –, greife ihn, in Händen haltend und folge jetzt diesem. Aber vorher soll noch jemand anderes sprechen, soll jemand anderes das Wort ergreifen, nachdem ich nach einem anderen Faden gegriffen habe, und während ich mit den Fingern schon ein bisschen daran zwirble, soll eine andere Stimme Gehör finden, kurz, an meiner Stelle. Und schon bückt sich DER ALTE WOLF und hebt ihn auf, den Faden des Affekts im Denken irgendwie, den ich gerade noch in Händen hielt, am Tresen sitzt er an der Tanke, DIE FRAU MIT DEM KRUMMEN RÜCKEN hat grad ein Bier gebracht und er, DER ALTE WOLF, erzählt:

DER ALTE WOLF

weißt
was ich vorher sagen wollt
ich bin ...
das war die Nacht von Donnerstag auf Freitag glaub ich bin ich mit dem Wagen so ... wenn ich nicht schlafen kann seit meine ... steig ich manchmal fahr ich in der Gegend einfach so ein bisschen also rum weiß auch nicht recht beruhigt mich halt bei meiner Tochter war das auch so damals dreißig Jahre her in meinen Armen den der Mutter an der Brust

mit Flasche in dem Gitterbett im Kinderwagen stundenlang Gebrüll kein Ruh an Schlaf zu denken nicht – im Auto aber: zack! da schlief sofort sie ein vom Schaukeln Schnurren von dem Motor keine Ahnung hab sogar mal einen Wunderbaum ans Gitterbett gehängt weil ich gedacht – naja das war es nicht – sie also rumgefahrn bei Nacht und schlafend dann nachhaus gebracht jetzt fahr ich mich halt selber rum wenn alles schläft ich nicht im leeren Haus find keine Ruhe ich nur auf der Straße nachts im Wagen hört das laute Denken auf die Welt nur was zwei Kegel von den Autolichtern aus dem Dunkel tastend dann gleich wieder weg erscheinen lassen mehr auch nicht, dann komm nachhaus und fall ins Bett

–

wenn sie uns in Zukunft auch noch das Benzin verbieten schlaf ich nimmermehr

[...]

fuhr also rum die Nacht auf Freitag wie gesagt fuhr ich so rum am Rückweg wieder so halb drei ich glaub und fahr ich hinten rum den alten Forstweg nach dem aufgelassnen Fischteich komm ich grad so aus der Kurve aus der langgezognen – weißt schon – komm ich grad so raus steht eine Hirschkuh auf der Fahrbahn ich zum Glück nicht schnell und schleif den Wagen ein und komm vor diesem Tier zu stehn das in die Lichter von dem Auto starrt und einfach stehen bleibt wie angewurzelt blödes Vieh bleibt einfach stehn ich denk hat's einen Schreck ist's irgendwie weiß auch nicht falsch herum verkabelt in dem Wildkopf dass es nicht davonläuft wie normal statt dessen wie versteinert steht und glotzt von jedem Fluchtimpuls Reflex Instinkt des Tiers verlassen völlig gegen die Natur und dann – ich schwör's – macht dieses Vieh auf einmal einen Schritt nach vorn auf mich aufs Auto zu ich glaub es nicht ich

hup es stellt die Ohren auf dreht sie nach vorn ja gut, denk ich, es hört zumindest was, ich hup noch mal, da macht es wieder einen Schritt und wieder wieder kommt es näher näher ran ich hup und hup und blend das Fernlicht auf und ab macht's einen Satz nach vorn blitzschnell und kommt das Vieh bis an die Kühlerhaube ran den Hals zur Windschutzscheibe streckt und hebt den Vorderlauf und stellt ihn auf die Motorhaube dann den zweiten noch so steht es da und schaut und schnüffelt zieht die Lippen Lefzen hoch die Zähne zeigt – ich mein ein Reh! so eine Hirschkuh halt! und immer länger wird der Hals bis dass die Nase an der Scheibe von den Nüstern von dem Atem sich beschlägt ich leg den Rückwärtsgang und fahr zurück es gleitet von der Haube ab da setzt es nach springt wieder hoch die Hufe können sich am Lack nicht halten doch das blöde Vieh der Teufel reitet's gibt nicht auf den ersten Gang leg ein und geb kurz Gas das Auto einen Satz nach vorne macht die Hirschkuh stürzt nach hinten auf den Rücken kurz zur Seite dreht springt wieder auf geht rückwärts von dem Auto weg und Anlauf nimmt! kein Scheiß! und auf mich zurast im Galopp hab dann das Gaspedal bis auf die Bodenplatte durchgedrückt das Monstrum totgefahrn paar Mal
– […]
nachhaus gefahrn ins Bett
und hab erst recht nicht schlafen können
[…]
dauernd denk ich an den Blick von diesem Vieh
wie mich das durch die Windschutzscheibe …
und ich komm nicht drauf,
was von den beiden Möglichkeiten schlimmer ist
[…]

als hätt es nicht verstanden, dass es Menschen gibt, als würd's den Unterschied der ... Kraft der Macht der – keine Ahnung – der Gewalt begreifen nicht den Abstand zwischen Mensch und zwischen ihm und mir, das hat mich angeschaut als wär ich auch ein ... weiß nicht ... so als würd es seinesgleichen gegenüberstehn die Zähne fletschen – nicht aus Angst – aus einem Recht heraus
als würd es sagen wolln:
ich weiche nicht!
[...]
ich bin
nicht
wirr!
das ist doch möglich, theoretisch, dass ein Tier ... wir sind doch auch, ich mein, wer sagt denn, dass der Unterschied, dass der sich nicht verkleinern kann auch wieder quasi antievolutionär – was weiß denn ich, wie man das nennt – dass so ein Tier die Überlegenheit von uns ganz plötzlich nicht mehr anerkennt – warum auch nicht! – und die Gewohnheit seiner Unterworfenheit verwirft vergisst, in uns die Kreatur erkennt, sich selbst ...
ist das ein Missverständnis in dem Tier?
ist's unser Rückschritt, unser Sturz?
nicht aus dem Himmel, aus der Menschheit!
so als wär der sechste Schöpfungstag zurückgenommen Aug in Aug auf Augenhöhe mit den andern Tieren plötzlich gingen wir verloren uns, schon lang, und nichts gemerkt, bis dass auf einmal etwas tritt ins grelle Licht
von einem Scheinwerfer
bei Nacht [14]

Und dann lässt auch er den Faden los. Welterschließung, affiziertes und vielleicht affizierendes Denken findet an den unwahrscheinlichsten Orten statt, auf einer Tanke am Tresen auf einer Umfahrungsstraße am Arsch der Welt. Und da liegt der Faden jetzt.

Wirkmächtigkeit

Und mit meinem Faden in der Hand, dem anderen, gehe ich zurück, dorthin zurück, wo beim letzten Mal die Stimme GAVESTONS zu sprechen begonnen hat. Ich habe sie gelesen, diese Berührung des Körpers des anderen. Davor hatte ich vom Sprechhandeln gesprochen, von der Einwirkung der Sprache, dass sie durch Sprechen handeln, diese Figuren, durch Sprache tun und leiden, auch AN der Sprache leiden mitunter – dazu komme ich gleich. Von der Wirksamkeit oder Wirkmächtigkeit des Sprechens der Körper hatte ich also zu reden begonnen. »Wirkmächtigkeit« – ein äußerst eigenwilliges Wort. In zwei Hälften zerfällt es, wenn es nicht die Worte davor und danach in ihre Mitte nehmen und zusammenhalten: »Wirk-« und »Mächtigkeit«. Und während die erste Hälfte dieses Wortes durchaus unverfänglich scheint – wer hätte das nicht gern, so eine »Wirk-ung«? –, schon öffnet sich mit der zweiten Hälfte das Feld des zumindest Ambivalenten – gelinde gesagt. Mag man Mächtigkeit als Vermögen, Handlungsbefähigung, Potentialität zuallererst neutral zu verstehen versuchen – trotzdem, es hilft nichts –, es könnte sein, dass die Gewalt nicht weit ist, wenn von Wirk-Mächtigkeit die Rede ist.

Und wieder kommt mir eine Interviewfrage in den Sinn, eine Erinnerung wieder, die Frage nämlich, wiederkehrend, ob meine Arbeit an der Sprache nicht vielleicht irgendetwas mit meinem Österreicher-Sein zu tun haben könnte. Vorbilder gäbe es genug, das stimmt schon.[15] Ich habe auf diese Frage immer wieder Unterschiedliches geantwortet, beispielsweise, dass meine Muttersprache eigentlich Dialekt sei und also jedes andere Sprechen eine Kompromissbildung und daher möglicherweise die unabschließbare Suche nach dem richtigen Ausdruck bedeutete. Insgeheim gedacht aber habe ich: Das hat sicher mit XXXXX XXXXXXXX zu tun.[16] Nicht die Beschäftigung mit Sprache, sondern mit dem Sprechen, der gesprochenen Sprache. Weil Theater ein Ort des Sprechens und also des Sprechhandelns ist, weil mich vielleicht nicht loslässt, was Sprache kann, was sie wirkt. Oder eher: DASS sie wirkt. Höchst erstaunlich ist das, man kann sich nicht genug wundern darüber. Sprachlich affizierbar sind wir. Von der Wirkmächtigkeit der Sprache be-treffbar. Auf Gedeih und Verderb. Und die Gewalt ist nicht weit.

Sprache also als Handlung und ihr Verhältnis zur Gewalt, Sprechakte als besondere Form gewaltsamen Handelns. Das hat sicher mit XXXXX XXXXXXXX zu tun, denke ich schweigend. Nicht, weil ich die physische Gewalt kennen würde, aber ihre Sprache – eher. Die Wirkmächtigkeit des Sprechens. Eine Wirkmacht, die in Körper dringt, den Körper bezwingt. Und Fakten schafft. In bestimmten Fällen und unter bestimmten Umständen geht eine besondere Art des Sprechens der körperlichen Gewalt voraus oder ist mit ihr koexistent. Die physische Gewalt folgt oder folgt nicht, je nachdem, sie wird handgreiflich oder aber sie arbeitet scheinbar verborgen im Strukturellen. So oder so, sie ist anwesend, präsent, sie greift Raum, vielleicht ohne als sie selbst in Erscheinung zu treten. In diesen bestimmten Situationen, bestimmten Sprechzusammenhängen – wenn man so will –, hat Sprache die Gewalt im Rücken, verbirgt sich Gewalt im Rückseitigen des Sprechens. Wenn ich sage, ich schreibe für die Körper, muss ich – komme ich gar nicht darum herum – muss ich auch vom Gewalttätigen der Sprache sprechen. Von dieser Rückseitigkeit, in der die Möglichkeit der Gewalt vielleicht nur im Raum steht, als Möglichkeit der Durchsetzung, als etwas, das dem Sprechen virtuell den Rücken stärkt. Ein Sprechen, das selbst nicht mit dem Rücken zur Wand steht – ganz im Gegenteil –, dem irgendetwas scheinbar immer den Rücken freihält, während es das Gegenüber mit dem Rücken an die Wand drückt, festnagelt dort, mit schwindendem Handlungsspielraum, der Wirkungskraft beraubt, als bliebe einem nur, rückwärts in die Wand auszufließen und zu verschwinden, aus einem Raum sich als überlegen gerierender Wirkmächtigkeit gestärkten Rückens mit Worten gefüllt.

Sprechen ist in diesem Zusammenhang jener Akt, der dem Subjekt einen Ort zuschreibt und ihm ein Wesen – ein So-Sein – aufzwingt, von dem es selbst vielleicht noch gar nichts weiß. Und was sollte das überhaupt sein: ein Wesen? Eine sonderbar vorgängige Essenz, ein Verdikt, ein Urteilsspruch klar benennbaren, unausweichlichen ewigen So-Seins und also Gleich-Bleibens, Gleich-Bleiben-Müssens, benannt von einer anderen Sprache, nicht der eigenen und also scheinbar bekannt. Man wird bei Namen gerufen, die sich andere für einen ausgedacht haben, um auszudrücken, wer oder was man wesensmäßig sei. Schon immer und für immer. Im Inneren. Und zugleich ist dies ein Sprechen, das dem Subjekt einen Ort innerhalb des sozialen Gefüges zuweist, innerhalb des Raums des Sozialen, an dessen Rändern oder in Schichten gedacht irgendwo unten – je nachdem, wie man das Soziale modellhaft zu verräumlichen pflegt. Vielleicht horizontal – dann bitte an die Ränder – oder eben vertikal – dann nach unten – oder beides zugleich: dann nach unten raus. Die Zuweisung eines Ortes geht also – es ist dies ein Doppelschritt – mit der Zuschreibung oder Benennung einer vermeintlichen Identität einher. In der einen oder anderen Reihenfolge. Man wird an den Rand oder in eine andere Zone des Sozialen gestellt und als minoritäres, randständiges, subordiniertes Subjekt benannt oder angerufen.[17] Ort und Sein, Lokalisierung und Identität sollen in diesem Wirklichkeit setzenden, das Subjekt zersetzenden Sprechakt einander wechselseitig bewahrheiten, einander wechselweise recht geben. Dieser Doppelschritt – Benennen und Lokalisieren – arbeitet an der politischen Verschränkung von Materiellem und Identität – eins schlägt ins andere um. Und Materielles meint hier beides: die Körper UND ihre sozio-ökonomischen Bedingungen.[18]

Ich spreche hier also von einer ganz bestimmten Form des Sprechens oder Sprechhandelns, jener der aktiven, performativen Verortung und Wesenszuschreibung. Von Sprechakten der Kränkung, Abwertung, Erniedrigung einerseits, der Selbsterhöhung, Aufwertung, Überlegenheitskonstruktion andererseits. Diese Sprechakte affizieren das Erleben von Intensität. Wir kennen den Intensitätsschock, wenn man das erste Mal und jedes weitere Mal die Worte der Abwertung hört – dieses ganze Arsenal, dieses Verbarium des Schmerzes, einzig ersonnen, um zu verletzen und die Menschlichkeit aus einem herauszunehmen und um eine:n an einen Ort zu stellen und dort festzuschreiben. Wir kennen auch das intensive Gefühl der Überhebung, der Selbstaufwertung, der Aufrichtung und Selbstlegitimation auf Kosten anderer und deren Würde, Handlungsfähigkeit, Selbstwirksamkeit, Teilhabe und Chancengleichheit. Es ist kein performativer Widerspruch, beides gleichzeitig zu kennen und zu können.

Diese Sprache der Kränkung[19] und Lokalisierung ist eine Sprache intensiver Affekte. Und es sind körperliche Regungen, die diese Affekte jenseits des Sprachlichen auslösen. Das schallende Lachen, das Schulterklopfen, die Drohgebärde, die Hitze oder Kälte der Verachtung, oder die heißen Wangen der Scham, die eisig klammen Hände und der Schweiß der Angst. Und diese Sprache der Kränkung, Benennung und Lokalisierung ist eine Sprache der Trennung, es sind da Sprechakte des Trennens am Werk, die einen Graben aufreißen im Augenblick des Sprechens, zwischen dem ausgesonderten Subjekt der Erniedrigung und den Sprecher:innen. Denn das ist das Ziel dieser Akte, dass sie eine Kluft einführen zwischen dem behaupteten Wesen der Sprecher:innen und dem:der anderen. Der:die andere wird getrennt, ausgesondert, abgeschnitten aus dem geteilten Raum geteilter Gleichheit in Differenz. Es wird eine Differenz markiert, die als hinreichend für den Ausschluss aus dem Feld der Gleichheit gesetzt wird. Diese Differenz wird als Makel am anderen Subjekt gesetzt. Der Ausschluss aus dem »Wir« der Sprecher:innen wird als nur konsequente Folge dieser offenbar vorgängigen Differenz performt. So verschleiert die Demütigung ihre Gewalt – indem sie nur der Logik der von ihr zuerst als vorgängig konstruierten Differenz folgt. Sie verkehrt die Verhältnisse, als würde der Ausschluss wesensmäßig als Differenz schon immer bestanden haben, als würde er von ihnen, diesen Sprecher:innen, nur noch bloß ausgesprochen werden, in Erinnerung gebracht oder logisch deduziert. Dies ist die zweite Gewalt der Sprache der Kränkung/Abwertung/Erniedrigung – dass sie ihren willkürlichen Ursprung verleugnet und ins Innere der auf diesem Weg Abgewerteten verlegt. Sie gibt sich den Anschein, nur das Wesen des jeweiligen Subjekts auszusprechen – mehr nicht. Für dessen Andersheit kann die Sprache ja also nun wirklich nichts. Damit verlegt sie die Differenz, die sie behauptet und performt und also erst herstellt, in die Essenz des Subjekts, das es erniedrigt. Die Sprache der Erniedrigung arbeitet immer an zwei Schauplätzen zugleich: in der Außenwelt gesellschaftlicher Hierarchien und also Verortungen, und in der Innenwelt behaupteter Wesenheiten. Man arbeitet an der Welt und an sich selbst, da man sich selbst immer schon als rechtmäßige Erb:innen, Verwalter:innen und Herr:innen dieser Welt gesetzt, gedacht und ausgerufen hat, und man arbeitet am Selbstverständnis derer, denen man diese Welt verwehrt. Ohne dieses doppelte Sprechen, ohne Sprache der festschreibenden Benennung und Verortung, ist keine Ideologie der Unterdrückung ins Werk zu setzen. Es ist die mehr oder weniger versteckte Arbeit an dem, was das Wort »Mensch« bedeutet.

KEVIN – er war gerade noch auf der Tanke, in der DER ALTE WOLF und die anderen noch sitzen – kann das mit seinen eigenen Worten beschreiben, diese Arbeit am Begriff. Während sich CLARA und er ausziehen – sie haben einander in der Disco getroffen – hat er in *Die Verlorenen* dazu einiges zu sagen:

KEVIN

ich hab –
als wärn sie in mir eingeschrieben, weißt du? –
Worte
fand ich
mit der Zeit sich abgesetzt in mir wie
weiß nicht
Schlacke
abgesunken tief
kann anders nicht gewesen sein
man redet
spricht und spricht
ein ganzer Strom an Sätzen, Bildern und Gesetzen
Gift und Galle
produziert und bringt in Umlauf man
die neue Politik
das trifft
das trifft sein Ziel

so kam das rein
wenn jemand spricht und spricht andauernd spricht
und nicht zu mir
zu uns
nicht so direkt man spricht
bevorzugt über andre pflegt zu sprechen man
das heißt: die Macht
mit Volkes Mehrheitsstimme scheinbar spricht
und sondert aus und schiebt hinaus
und wertet ab und drückt hinab
ein Spiel, das über Bande geht
am andern exerziert, was alle schleichend trifft
man merkt's nur nicht
nicht gleich
bis es verinnerlicht
und jedes Wort
egal, ob selbst am eignen Leib erfahrn
ob ausgestreut vermehrt auf irgendwelchen Bildschirmapparaten zahllos überall in einem Augenblick von hier nach dort geschickt
verrichten Arbeit am Begriff
an uns
an dem, was Mensch-Sein heißt
sie schreiben's fest

CLARA

und unsre Offenheit verschließen ...
hör nicht auf!

KEVIN

und halten fest

und binden
wo und wie wir sind
so solln wir bleiben
immerfort
an unsrem Herkunfts-
Klassen-Ort
dem Anschein unsrer Außenhaut entsprechend
dem Geschlecht
dem Bildungsgrad
der Glaubensart
und was da sonst noch unterscheidet uns aus Zufall bloß
was sich in Leistungsträgerschaft
in Nützlichkeit zur Macht
nicht rechnet um
tritt besser in Erscheinung nicht
so spricht
der unsichtbare Mund
des neuen Sprechens
allerorts
an der Verminderung des Menschlichen
behänd beschäftigt ist
und dann am End
»des Tages« – wie sie sagen –
fickt euch!
wenn die ganze viele Arbeit
endlich abgeschlossen
ihre Schöpfung
ausgebreitet liegt sie da
zu Füßen ihnen
und da sehn sie,
dass es gut

so gut
wir haben einen Menschen
uns
gemacht
nach unsrem Bild
ein witzig
findig
Tier
–
das sind die Worte,
die ich fand
in mir

Und sie stehen nackt voreinander.
Eine lange Stille.

Ich habe die unterschiedlichen Worte der Benennung und Verortung hier heute nicht ausgesprochen – diese Worte der Kränkung, Erniedrigung, Abwertung und des Ausschlusses. Ich habe sie nicht ausgesprochen, weil ich ihnen keine Stimme geben mag, weil sie hier nichts zur Sache tun, und vor allem, weil ich glaube, dass sie auf einer affektiven Ebene übersetzbar sind – nicht die Worte, aber ihre Wirkweise. Übersetzbar heißt nicht identisch. Es ist eine mühsame, mitunter schmerzhafte Arbeit des Transfers zu leisten, unterschiedliche Erfahrungen beraubter Wirkmächtigkeit (im Sinne von Handlungsbefähigung) und Demütigung für einander zu übersetzen und verstehbar zu machen. Schmerzhaft ist diese Arbeit auch, weil ein Rest an Erfahrung in der Übersetzung nicht aufgehen, sich nicht transportieren wird. Mühsam und anstrengend ist sie schließlich, weil die unterschiedlichen Praktiken des Widerstands gegen die Wirkmacht dieser trennenden Worte und ausschließenden Akte über ihre je eigene Geschichtlichkeit – also Vergangenheit – und ihre je eigenen gegenwärtigen Artikulationsformen verfügen. Ich glaube an diese Möglichkeit des Transfers, des Übersetzens, weil sie die Bedingung notwendiger Allianzen zwischen unterschiedlichen Identitäten und Orten ist. Und ich glaube, dass ebenso zwischen Fragen der Identitäten und des Materiellen oder Sozio-Ökonomischen ein Verhältnis der Übersetzbarkeit oder zumindest Ähnlichkeit besteht, zwischen einer Politik der materiellen Bedingungen an den Orten und der freien Lebensvollzüge der Subjekte. Das eine schließt das andere nicht aus, sie sind verbunden, nicht zuletzt weil auch die Gewalt an beiden Phänomenen, in beiden Sphären, mitunter gleichzeitig, wirkmächtig ist.

Theater könnte ein Ort der Übung sein, ein Raum, in dem diese Form der Übersetzung GEÜBT wird – im doppelten Wortsinn: praktiziert und geprobt –, ein öffentlicher Transfer- und Übersetzungsraum von Erfahrungen, um angestoßen und affiziert zu werden von den Mit-Teilungen der Differenz. Für die sprechenden Körper bedeutet das die mühsame Arbeit, sich mitzuteilen und verständlich zu machen, für die zuschauenden, zuhörenden Körper im Publikum hingegen die nicht minder herausfordernde Arbeit, zu vernehmen und verstehen zu wollen. Übersetzung findet demnach auf beiden Seiten statt und besteht in der Anstrengung, diesen geteilten Raum mit aller Kraft zu öffnen und offen zu halten. Das heißt einerseits, nicht nachzulassen darin, SICH zu übersetzen, sich aus- und hinaus- und hinüberzusetzen, also nicht nachzulassen im Versuch, sich mitzuteilen. Andererseits heißt das, nicht nachzulassen darin, das Sprechen der anderen als grundsätzlich übersetz- und vernehmbar anzuerkennen und Transferarbeit zu leisten. Übersetzung ebnet dabei die Differenz nicht ein. Sie ist vielmehr die Bedingung der Möglichkeit eines Raums, in dem Menschen auch in der Differenz einander vernehmbar bleiben.

Jetzt habe ich also doch noch kurz den Faden des Übersetzens angerührt, diesen anderen Hilfsbegriff, der da unter dem Titel »Körper. Schreiben.« steht.

Und damit ende ich für heute. Ich wollte noch über Anfänge sprechen. Damit fange ich heute lieber gar nicht mehr an. Beim nächsten Mal werde ich über die Kluft, die die Form der Sprache in die Figur einführt, sprechen. Und über die Widerstandskraft gegen den Tod der Körper auf der Bühne.

VORTRAG 3

Ich habe die erste und zweite Vorlesung jeweils mit einer Schwierigkeit begonnen: die Schwierigkeit der Titelfindung ganz zu Beginn, meine E-Mail an Herrn Birgfeld und dieses sonderbare Heimgesucht-Werden meines schreibenden Körpers von der Vorstellung seiner lesenden oder sprechenden Gestalt in der Zukunft. Ich habe vom Sprung in die Zukunft gesprochen, den ein Bühnentext riskieren muss, ohne sie, die Zukunft, zu kennen, ohne sie kommen zu sehen, auf die kommenden Körpern der anderen bauend, mit ihnen rechnend – mit den Spieler:innen und der Anwesenheit eines Publikums.

Dann beim letzten Mal die Schwierigkeit, den Begriff des Affekts sozusagen nachträglich präziser zu greifen. Diesen Begriff, den ich während der letzten beiden Jahre, nach dem Ausbruch der Pandemie und angesichts ihrer Auswirkungen fürs Theater, umkreist habe – lesend immer wieder darauf gestoßen bin, den ich in meinen Lektüren dieser Zeit immer wieder gesucht habe, in der Hoffnung, er könnte mir dabei behilflich sein zu verstehen, was durch Affizierung und Anstoßung zwischen real anwesenden Körpern am Theater – und vielleicht dort auf ganz besondere Weise – passiert.

Und nun also heute. Was jetzt? Mit welcher Schwierigkeit beginnen, um einen Anfang zu finden, um zum letzten Mal hier heute anzufangen mit »Körper. Schreiben.«? Nach einer unfreiwilligen Unterbrechung von drei Wochen – Corona, genau! –, nach der es fast den Anschein hat, als müsste ich ohnehin ganz neu anfangen, als wäre nichts geschehen, als wäre ich nicht schon zwei Mal hier Gast gewesen, sprechend, als müsste ich also von vorne beginnen abermals und aber zugleich doch vielmehr abschließen und zu einem Ende kommen. Zwischen Anfang und Ende für eine kurze Dauer noch sagen, was zu sagen bleibt. Und also nochmals beginnen. Und sagte ich nicht bei unserem ersten Treffen, dass ich noch von der Schwierigkeit des Anfangs sprechen würde, beim nächsten Mal, wozu es aber nicht gekommen ist, beim letzten Mal. Dann also heute werde ich vom Anfang sprechen, bevor nichts mehr anzufangen bleibt? Mit dem Anfangen anfangen und mit dessen Schwierigkeit, bevor das Ende kommt? Einfach anfangen. Und so tun, als würde nichts nachhängen oder nachdrängen vom letzten Mal, weil das in der mehrwöchigen Unterbrechung ohnehin verpufft und vergessen sein würde. Kaum mehr aktivierbar für dieses Sprechen und Zuhören heute. Also einfach Tabula rasa machen und anfangen, fast als könnte ein völlig anderes Erzählen oder Sprechen einsetzen ganz neu und also ein Anfang …

Und plötzlich fällt mir KURT ins Wort, der die ganze Zeit nichts gesagt hat, so viele Jahre nicht, der sich aber auskennt mit Anfängen, während er mich anschaut, aus seinem Stücktext heraus, aus *hamlet ist tot. keine schwerkraft* heraus, aus dem Jahr 2007, aus der Vergangenheit, aus der heraus er plötzlich spricht, während ich eigentlich vom Anfangen habe sprechen wollen:

KURT

und ich hör das gar nicht

– sagt der Kurt –

und denk mir,

– sagt er –

dass man theoretisch den Anfang, theoretisch muss mir da vielleicht mal einer erklären, was das ist, so ein Anfang, weil das weiß ich nämlich nicht, wenn diese ganze verdammte Vergangenheit, weil das ist jetzt, glaub ich, eine Vergangenheit, die ich erzählen soll, ist, glaub ich, eine Vergangenheit, weil eine Zukunft kann man leider nicht erzählen und eine Gegenwart auch nicht, weil die viel zu klein ist zum Erzählen und gleich wieder Vergangenheit und drum weiß ich jetzt leider gar nicht, wo ich da anfangen soll zum Erzählen, weil ich leider nicht weiß, wo die anfängt, die Vergangenheit, und da muss man, glaub ich, mal ordentlich aufräumen hier, weil ich vor lauter Vergangenheit keinen Anfang und die ein Krebsgeschwür und wuchert und wächst und schiebt und faltet und drückt und bäumt und seh hier keinen Anfang und komm, glaub ich, überhaupt nie in der Gegenwart an, wenn das so weitergeht

Und dann ist er wieder still, der KURT. Und ich sage: Ich mach es an deiner Stelle, KURT. Ich werde von der Gegenwart sprechen, gleich dann. Und vom Anfang. Gleich. Geduld, KURT, Geduld. Nur noch kurz. Ein bisschen noch. Ein bisschen muss ich noch in der Zeit zurück. Vor diese Unterbrechung zurück. Zwischen der zweiten und dritten Vorlesung. Bevor ich in der Gegenwart ankomme. KURT, nur kurz zur zweiten zurück. Und über einen Umweg in die Gegenwart dann, versprochen, KURT …

Unwiederholbarkeit
Oder: Die Rache der Gegenwart

Es gibt am Theater ein spezielles Verhältnis zur jeweils zweiten Vorstellung einer Produktion – also zur ersten Vorstellung nach der Premiere. Sie läuft sozusagen ein bisschen außer Konkurrenz.

Nach einer zweiten Vorstellung sagt man zum Beispiel: Naja, für eine Zweite war das ganz gut. Und meint damit: mittelmäßig, die Vorstellung war maximal mittelmäßig. Oder aber man sagt: Das war eine richtige Zweite. Und meint damit: einfach übel – das ging so richtig daneben. Sie merken es: Die zweite Vorstellung an und für sich hat eine Tendenz hin zum Missglücken. Vielleicht liegt das am Versuch der Beteiligten, die erste Vorstellung – also die Premiere – auf die eine oder andere Weise wiederherzustellen. Man blickt zurück, spielt rückwärtsgewandt, ist mit der Vergangenheit beschäftigt und verpasst die Zeit des Spiels im Erleben der Gegenwart. Vielleicht. Man versucht, eine Erfahrung zu wiederholen – mit dem Resultat, dass sich die Gegenwart rächt, weil sie für sich genommen werden möchte. Leider. Das hat sie so an sich. Vielleicht war mein Vortrag vor drei Wochen also eine richtige Zweite in diesem Sinn. Ich weiß es nicht. Ich war verunsichert. Vielleicht war mein Text zu theoretisch, hermetisch, zu begriffslastig, vielleicht war der gedankliche Schritt vom Sprechtakt auf der Bühne zur Sprache der Gewalt textlich schlecht geführt, nicht vorbereitet, vielleicht war auch nicht greifbar, ob da einer – also ich – persönlich oder doch bloß theoretisch spricht (und ich würde sagen: sowohl als auch), vielleicht aber war lediglich das Mikrofon zu hallig und meine Stimme zu Pathossatt. Entsetzlich! Vielleicht hat auch die Zuhörerin aus der ersten Reihe gefehlt, die beim ersten Vortrag den Humor des Texts mit ihrem Lachen so hilfreich unterstützt hat, dass dem Vortragenden der Vortrag gleich viel leichter fiel. Vielleicht war es aber noch viel schlimmer und so etwas wie Humor hat überhaupt gänzlich gefehlt im Text des zweiten Vortrags, einfach kein Humor, nichts Leichtes. Es muss zwar nicht immer etwas Leichtes dabei sein, aber hilfreich ist es schon! Das muss man sagen.

Ich habe nach der letzten Vorlesung am Weg zur Unterkunft noch einen kurzen Zwischenstopp im Außenbereich einer Kneipe eingelegt und dort in mein Notizbuch geschrieben: Kontext, baby! Vielleicht war es auch das, vielleicht habe ich vergessen Kontext zu geben, den Hintergrund zu benennen, vor dem mein Sprechen hätte stattfinden sollen. So oder so. Der Drops ist gelutscht.

Ich habe jetzt also doch wieder mit einer Schwierigkeit begonnen. Und das ist tatsächlich eine der Besonderheiten der darstellenden Künste, des Theaters: Wir – das heißt: Spieler:innen wie Publikum – wir können in der auf der Bühne performativ erlebten Zeit nicht zurück. Wir können in einem Buch zurückblättern, ein Kapitel nochmals lesen oder auch nur einen Absatz oder Satz, wir können auf Netflix in 15-Sekunden-Schritten zurückspringen, immer wieder, aber wir können auf der Bühne nicht vor eine gemachte Erfahrung zurück. Die Zeit des Spiels ist die Zeit des Spiels. Es gibt keine Möglichkeit, sie anzuhalten und in ihr zurückzugehen. Der Drops ist gelutscht, die Erfahrung gemacht. Jede weitere Erfahrung findet vor dem Hintergrund bereits gemachter Erfahrung statt. Egal, ob diese geglückt ist oder eben nicht. Und keine:r kann sie ausstreichen oder ungeschehen machen. Jeder Versuch, sich der unwiederbringlich verronnenen Zeit gegenüber zu verhalten, findet wiederum in verrinnender unwiederbringlicher Zeit statt. Der Drops ist sowas von gelutscht. Nach meinem letzten Vortrag vor drei Wochen wollte ich den Drops gerne wieder ent-lutschen. Im Außenbereich der Kneipe sitzend. Unmöglich.

Vielleicht hat diese richtige Zweite – meiner Einschätzung nach, ich weiß nicht, ob Sie sie teilen – vielleicht hat diese Zweite, dieser zweite Vortrag auf performativer Ebene zumindest eines gezeigt: Der Text zeigt seine Fallstricke erst im Tun. Ob er taugt und belastbar ist, ob er trägt. Ob er seine Voraussetzungen ausreichend mittransportiert oder – im besten Fall – auch ohne diese lesbar wird. Und wenn sich Text und Aufführung zueinander wie das Rezept der Lasagne zu deren Verzehr verhalten, dann muss man natürlich sagen, so eine Lasagne ist ja auch nur ein Art Pudding und daher gilt: The proof of the Lasagnepudding is in the eating. Und vielleicht haben Sie das vor drei Wochen live miterlebt – die Schwierigkeiten des Texts bei dessen Verzehr – in diesem Fall nicht durch Spieler:innen, sondern durch den Autor selbst. Und Sie haben zugleich die Gebundenheit des Texts an seine performative Zeit der Aufführung erlebt. Der Text entkommt seiner Gegenwart nicht. Als gesprochener Text-Körper existiert er in der Zeit seiner Performanz, die er – wie jeder Körper auch – nicht verlassen kann. Körper schreiben, Text und Körper – es gibt keinen Weg zurück in der Zeit oder aus der Zeit heraus. Beide existieren nur in der Dauer ihrer jeweiligen Gegenwart. Körper und Text. Und im Missglücken dauert Gegenwart mitunter sehr, sehr lang. Aber das spielt jetzt keine Rolle. Und über die Dauer werde ich später noch ein wenig mehr sagen.

Anfangen bevor jemand anfängt

Ich habe nun also doch wieder eine Schwierigkeit benannt und mich über diesen Umweg der Gegenwart genähert – das bedeutet hier: Gegenwart als Zeit des Spiels, als Zeit des Vortrags, als Jetzt-Zeit geteilter Verkörperung auf der Bühne, als deren unhintergehbare zeitliche Verortung, aus der es kein Entkommen gibt. Und diese Gegenwart als Zeit und Dauer der Aufführung muss doch irgendwann begonnen, muss an irgendeinem Punkt ihren Anfang genommen haben. Und jetzt löse ich mein Versprechen, das ich Ihnen und Kurt gegeben habe, ein. Ich habe gesagt, ich werde vom Anfangen sprechen. Von dem, worin Körper zu schreiben an eine ganz bestimmte Art des Anfangs rührt. Es gibt hier zumindest zwei

Arten des Anfangs – und nur eine davon ist mit dem Schreiben der Körper verbunden.

Es gibt die dem Text und den Körpern äußerlichen Anfänge einer Theatervorstellung. Anfänge, auf die der Text, das Geschriebene, keinen Zugriff hat. Es ist dies der äußere Rahmen der Vorstellung als Veranstaltung an einem bestimmten Ort, all die Abläufe von der Kasse bis zur Garderobe und dem Einnehmen eines Sitzplatzes – bis irgendwann schließlich die Vorstellung beginnt, zeitlich geplant innerhalb einer institutionell vorbestimmten Zeit. Ein Anfang, der die Gegenwart der Aufführung von der Zeit davor trennt, ein Anfang, der das Spiel als Gegenwart und Dauer aus dem alltäglichen Zeitstrom herauslöst. Abend für Abend ist diese Arbeit des Anfangs unverzichtbar dafür, dass Verkörperung stattfinden kann. Doch damit nicht genug. Denn es gibt diesseits dessen eine andere Art des Anfangs, ein Anfangen, das aufs Engste und Innigste mit dem Schreiben selbst – mit diesem Körper-Schreiben – verbunden ist. Ein Anfangen, das an die Nahtstelle zwischen Text und Körper rührt. Völlig unsichtbar als solcher ist dieser Anfang, von dem ich spreche. Noch vor jedem Text ist er Teil der Körper, geht jeder Verkörperung notwendig voraus. Denn wenn Körper auf der Bühne sprechend tun und handeln, wenn sie Text verkörpern und ihm Stimme geben, findet dieses Sprechen bereits längst in einem sprachlich gefüllten, mittels Sprache geöffneten Raum statt. Es muss schon ein Anfang gemacht worden sein, wenn jemand spricht. Der Widerstand der Sprachlosigkeit, des Schweigens, Nicht-Sprechens, der Leere muss bereits überwunden worden sein. Vor jedem Sprechakt muss also bereits ein ganz anderer Akt grundlegender Ordnung stattgefunden haben. Wenn jemand spricht, hat er oder sie diesen Akt bereits getan. Diesen Akt vor dem Akt, der die Sprachlosigkeit verdrängt, raumgreift und sie verschiebt in die Vergangenheit des Schweigens, ins Schweigen als Vergangenheit. Noch vor dem ersten Wort, vor dem ersten sprachlichen Laut, der ersten Öffnung der Lippen holt jemand Luft, baut sich eine Luftsäule auf im Inneren eines Körpers, pressen sich vielleicht Lippen aufeinander, steigt der Druck im Körperinneren bis sich die Lippen öffnen und Luft entweicht und ein Wort vielleicht. Davor aber die Arbeit gegen den Widerstand, den das Nicht-schon-Sprechen, das Schweigen, die Stille dem Körper entgegensetzen, die Arbeit, dem Sprechen seinen Sprechraum zu öffnen, wie Lippen, aber noch davor, noch vor den Lippen. Das Ringen um das erste Wort, um die Öffnung des Mundes und des Raums, was die Stille endlich vertreibt. Einem Sprechanlass folgen, einen solchen vielleicht überhaupt erst finden, erfinden und eine nicht schon sprachliche Entscheidung treffen und den Sprung wagen ins Sprechen hinein. Das ist die Schwierigkeit des Anfangs. Dass ihm ein anderer Anfang vorausgeht. Vorausgehen muss. Von einem Anfang affiziert werden – vielleicht. Die ontologische Frage des dramatischen Textes lautet: Warum spricht jemand und nicht vielmehr nicht?

Diese Frage, das Kritische des Moments, in dem das Sprechen überhaupt erst erscheint, aktiv in Erscheinung gebracht werden muss von Spieler:innen auf der Bühne, steht am Beginn jedes dramatischen Textes. Es ist das weiße Feld vom oberen Rand eines DIN-A4-Blattes hinab bis zum ersten Buchstaben im Text, zur ersten Replik einer sprechenden Person. Auf dieser leeren Fläche irgendwo findet er statt, dieser Akt, DASS Sprechen erscheint, dass jemand spricht und nicht vielmehr nicht. Und dass hier etwas anfängt. Für mein Schreiben ist das einer der kritischsten oder herausforderndsten Momente. Einen möglichen Impuls für die Körper zu finden – und sei es nur in meiner Vorstellung – damit die Entscheidung, zu sprechen, fallen kann und auch tatsächlich fällt. Körper schreiben heißt eben auch, die Öffnung des Mundes zu schreiben. Denn nicht ein Buch muss hier geöffnet werden, aufgeschlagen, zwei Seiten, sondern eben zwei Lippen, mindestens. DAS ist die unbeschriebene Fläche auf dem DIN-A4-Blatt vor dem ersten Wort. Und nicht um die sprichwörtliche Angst des:der Autor:in vor dem weißen Blatt Papier geht es hier. Es geht um die Angst davor, dass keiner spricht – den Bann des Schweigens brechen und überwinden müssen. Mit jedem Stück, mit jedem Stückanfang immer wieder Antwort finden auf die Frage also, warum da jemand spricht und nicht vielmehr nicht.

Stellen Sie sich mit mir diese unbeschriebene Fläche auf dem Papier und ihre Entsprechung auf der Bühne vor: Ein Raum – ein Bühnenraum – wird geöffnet, indem Objekte zur Sichtbarkeit ausgestellt werden. Eine Ebene, ein Boden, Podeste, Bretter, eine Wand, vielleicht ein Baum. Was auch immer. Objekte, die zueinander in einem Verhältnis stehen. Horizontal angeordnet in unterschiedlicher Tiefe, im Vorder- und Hintergrund, oder vertikal angeordnet in unterschiedlicher Höhe aufragend vom Boden entfernt. Objekte erscheinen und öffnen dadurch einen Raum. In einem leeren Raum ist es der Raum selbst, der als Objekt zur Sichtbarkeit gebracht wird. Und in diesem Raum von Anfang an oder nach und nach, einzeln, allein oder zu mehreren: Körper. Menschliche Körper. Lebendige atmende Körper. Bewegliche Körper. Sich selbst bewegende Körper. Atmend. Alleine oder zueinander in ein Verhältnis gesetzt, nah oder entfernt. Unten oder oben, vorne oder hinten, in der Mitte oder an der Bühnenkante, an der Rampe, ganz nah vor den ersten Reihen der Zuschauenden, den anderen Körpern im Raum. Und natürlich braucht es Licht. Und dann – der Moment wird kommen – muss es passieren, dass irgendjemand spricht, dass jemand einen Anlass findet, um zu sprechen: einen Impuls, Affekt, eine Körperregung, einen Gedanken, Luft holen, einatmen – vielleicht ist das schon Sprache, wenn auch nicht verbal, lebendiger Vollzug – doch dann irgendwann unaufschiebbar, muss jemand einer Regung, einem Impuls folgend das Wort ergreifen. Das erste Wort, die ersten Worte …

Den Mund öffnen

Und ich nehme meine Stücktexte zur Hand und gebe den jeweiligen ersten Worten darin für Sie kurz Stimme, spreche dieses erste, dieses kritische Sprechen, dieses Sprechen-Müssen, ich spreche es nun kurz für Sie aus:

Mein Stück *hamlet ist tot. keine schwerkraft* aus dem Jahr 2007 – KURT hat vorhin schon daraus gesprochen – beginnt damit, dass sechs Spieler:innen die Bühne betreten, und einander abwechselnd sagen sie Folgendes:

~~DANI~~[20]

und jetzt?
kann da jetzt vielleicht mal endlich wer
ich mein
kann da jetzt mal wer anfangen
vielleicht

~~CARO~~

was ist denn das da für eine scheiß gottverdammte Hurerei

~~DANI~~

fängt jetzt vielleicht mal endlich

~~CARO~~

so eine gottverdammte Hurerei das alles

~~KURT~~

also ein Anfang
ein Systemwechsel
das ist leider nur ein Wechsel von einem System in ein anderes

~~DANI~~

tschuldigung
fängt jetzt vielleicht endlich mal
ja ich nicht

~~KURT~~

und jemanden anderen vögeln ist genau so ein scheiß Systemwechsel, der in Wirklichkeit gar kein
also theoretisch müsst man das Vögeln neu erfinden

~~CARO~~

so eine gottverdammte Hurerei

~~KURT~~

aber ich bin hier nicht fürs Theoretische

~~DANI~~

jetzt fang doch endlich
[...]
jetzt fang doch bitte endlich an

Es ist die Situation der Spieler:innen, auf einer Bühne einem Publikum ausgesetzt zu sein, die hier zum Sprechimpuls wird. Was nicht im Text steht, ereignet sich performativ. Den Blicken und der Erwartung eines Publikums ausgesetzt, wächst der Druck, zu beginnen, zu erzählen, einen Anfang zu finden und eine Geschichte zu erfinden, die erklären könnte, wie sie da hingekommen sind, diese sechs Personen, und wie es zu ihrer Verfassung, ihrem Zustand, den unterschiedlichen Graden an Versehrtheit, die man ihren Körpern ablesen kann, gekommen sein mag. Es ist der Blick des Publikums, die Nacktheit im Schweigen vor dem Blick des anderen, was sie sprechen lässt. Und dieses Sprechen steht hier in Konkurrenz zueinander, ein Ringen um die Deutungshoheit über die bereits eingetretene Katastrophe (für die einen) oder den Umstand, ihr gerade noch entkommen zu sein (für die anderen). Denn das Spiel auf der Bühne wird nach und nach deutlich machen, was vor diesem Anfang geschehen ist. Die Spieler:innen haben die Katastrophe nämlich längst hinter sich. Und die Antwort auf die Frage, wo das alles begonnen hat, ist keinesfalls unschuldig, interesselos oder unerheblich.

Das sechs Jahre später entstandene Stück *die unverheiratete* beginnt mit einer Regieanweisung:

(†)

Dunkel
kein Licht
eine Frau atmet
und atmet
und atmet
und

Und das war sie schon, die erste Szene. Ein wortloser Prolog. Atmen. Das Atmen einer Frau. Und darauf folgt mit der nächsten Szene scheinbar unvermittelt der beschreibende Text vierer Frauen. Die erste Szene, in der gesprochen wird – anstelle einer Szenennummer ist ihr ein Paragrafenzeichen vorangestellt –, unterbricht das Atmen des Prologs und die allfällige Geräuschkulisse im Raum, das heißt: im Publikum.

(§)

SCHWESTER#1

Ruhe
Ruhe hier im Saal
der Richter Ruhe ruft

SCHWESTER#2

schon aus geringren Gründen brüllt er

SCHWESTER#1

Ruhe

SCHWESTER#2

hab ich diesen Saal geräumt

SCHWESTER#3

ich räum den Saal wenn augenblicklich nicht

SCHWESTER#2

schon aus geringren Gründen

SCHWESTER#4
Himmelherrgott

SCHWESTER#3
augenblicklich

SCHWESTER#2
hat er räumen lassen sagt er
ist bekannt dafür dass er den Saal
da kennt er nichts
den lässt er räumen

SCHWESTER#3
die Verhandlung führt mit harter strenger

SCHWESTER#1
Ruhe jetzt

SCHWESTER#4
schlägt mit der Hand der flachen schlägt

SCHWESTER#3
mit harter strenger Hand er führt

SCHWESTER#4
schlägt auf den Tisch den Richter-Tisch
wie heißt denn das
Katheder
auf den Richter-Tisch

SCHWESTER#2

er schlägt und nochmal nochmal schlägt

SCHWESTER#3

ich sagte Ruhe in dem Saal verdammt

SCHWESTER#1

sofort jetzt Ruhe Ruhe hier sonst räum ich ihn den Saal ich lass ihn räumen jetzt sofort und auf der Stelle

SCHWESTER#3

still

SCHWESTER#1

dann wird es ruhig

SCHWESTER#4

der Richter aufgesprungen von dem Stuhl dem Richter-Stuhl dem Sitz beim Schlagen mit der Hand bekannt dafür dass ihm sehr schnell der Faden reißt von der Geduld ist aufgesprungen nimmt er wieder Platz

SCHWESTER#3

dann alles still sind alle endlich still

SCHWESTER#1

was ist denn das?

SCHWESTER#2

es zuckt das Licht im Saal das Deckenlicht nein Fenster gibt es nicht zuckt kurz das Licht

SCHWESTER#4
ein Raunen

SCHWESTER#1
Ruhe

SCHWESTER#2
hebt der Richter schon zum Schlagen auf den Tisch die Hand
ein zweites Mal und

SCHWESTER#3
wieder still bevor ein Ordnungsruf bevor der Richter Ruhe
ruft und mit der Hand

SCHWESTER#2
sie sinken lässt

SCHWESTER#1
und hell das Licht im Saal

SCHWESTER#2
geschlagen er der Richter
nicht

SCHWESTER#4
dann endlich spricht
der Mann
das Foto hält
die Frau von ihm im Publikum im Volk zu Boden blickt sie
schaut nicht an nicht ihn den Mann das Foto nicht das das er
hält die Händ im Schoß von ihr zur Faust geballt die Hände

beide würgt den einen Zeigefinger würgt sie ausgestreckt den Finger eine Faust herum und würgt den linken Zeigefinger mit der rechten Faust wenn sie nicht aufhört würd man meinen dass die Fingerspitze Kuppe platzt lässt los den Griff die Faust der Finger weiß und bisschen blau den Daumen greift und schraubt ihn in die Faust und zieht die Daumenschraube fest und immer fester blickt nicht hoch zum Mann im Zeugenstand der ihrer ist ihr Mann ihr Ehemann zu reden angefangen

SCHWESTER#3
alles still

SCHWESTER#1
im Saal

SCHWESTER#2
bis auf den Mann

Die Situation der öffentlichen Versammlung im Theaterraum wird als Ausgangspunkt für das Sprechen und Spielen genommen. Das Getuschel, bevor die Vorstellung beginnt, das Gehuste, Rutschen auf den Sitzen, vielleicht auch die gespannte Erwartung. Der Ruf nach Ruhe, mit dem die Szene einsetzt, nimmt diese Situation des Publikums auf und führt sie weiter, deutet sie um: »Ruhe, Ruhe hier im Saal!« – aber nicht im Theater sind wir, sondern in einer anderen öffentlichen Veranstaltung, in einer Gerichtsverhandlung, kurz bevor ein Mann eine Aussage macht, als Zeuge vortritt und zu sprechen beginnt.

Weitere sechs Jahre später scheint im Stück *Die Verlorenen* der Anfang des Sprechens aus einer fast gegenteiligen Situation heraus stattzufinden. Der Blick der Spieler:innen ins Publikum als Blick in die Leere, als Blick ins unbekannt Lichtlose, in eine Weite und Distanz, als Blick in ein stummes, teilnahmsloses Schweigen. Aus dieser Adresslosigkeit, aus dem Mangel an Gegenüber, an An-Sprache, an Mit-Teilung kommt das Sprechen als Ruf nach jemandem. Nach irgendjemandem da draußen. Jemanden herbeirufen, als würde durch das Sprechen ein Gegenüber entstehen. Als würde jemand da sein und zuhören, solange man nur spricht …

EINER*EINE

hallo?
hört uns jemand?
kann uns jemand

EINER*EINE

ist wer
ist wer da?

EINER*EINE

wir …
–
wir sehn wir spürn nicht, ob da

EINER*EINE

ist wer

EINIGE

hallo

EINER*EINE

ist wer da?
sind wir
sind wir allein?
da draußen

EINER*EINE

–

EINER*EINE

–

EINER*EINE

–

EINER*EINE

keine Antwort

EINER*EINE

nichts

EINER*EINE

verklungen unsre Stimmen
Rufe
kein Gehör ge-

EINER*EINE

auf kein Ohr getroffen
draußen
nicht erwidert unser Blick
von keinem –

EINER*EINE
wissen nicht

EINER*EINE
von keinem

EINER*EINE
WAS?
was soll da überhaupt
was soll da sein?
Entschuldigung

EINER*EINE
von »WER« zu schweigen ganz

EINIGE
wir wissen's nicht

EINIGE ANDERE
wir wissen's nicht

Zu sprechen beginnen – aus der Sehnsucht heraus, dass da jemand sei, ein Gegenüber, ein Gegenüber der Mit-Teilung, das weniger alleine macht.

Körper schreiben heißt also Körper, deren Münder sich öffnen, zu schreiben, Körper, die einen Anlass suchen und finden, nicht etwa zu schweigen, sondern zu sprechen, Körper, die affiziert sind zu sprechen, angestoßen also sprechend zu tun, zu tun und zu sprechen. Und auf dieser Schwelle zwischen Schweigen und Sprechen, mit dieser Öffnung, die der Anfang des Sprechens bedeutet, mit jedem Anfangen eines Stückes wird eine ganz besondere Zeitlichkeit des Textes deutlich. Die Körper verorten den Text in ihrer jeweiligen Jetzt-Zeit – also in der Gegenwart und Jetztheit der Körper. Erst durch die Körper findet der Text zu seiner Zeit, indem er von den Körpern im Jetzt ihrer je momentanen Gegenwart angeeignet wird, indem die Körper einen Raum der Dauer öffnen, in dem sie sprechen, in dem sie agieren und der zu einem Raum gemeinsamer, geteilter Zeit geöffnet und offengehalten wird. Das Spiel öffnet hier am Ort der auftretenden Körper eine Gegenwart der Dauer, eine Zeitspanne geteilter gefüllter Zeit. Kurt hatte recht: Anfangen hat mit Gegenwart zu tun. Etwas an der Performativität des Spiels öffnet eine vorübergehend andere Qualität der Zeit. Die Gegenwart wird durch das Spiel sozusagen der Wirkmächtigkeit einer leeren Zeit bloß punkthafter Momente entrissen. Nicht ein vereinzelter Augenblick, der auf Augenblick folgt, nicht ein Sich-in-sich-Zusammenziehen der Gegenwart findet hier statt. Die Dauer der Aufführung füllt Gegenwart, verortet sie ALS Dauer, als erlebte Zeit am Ort konkret erfahrener Handlung, Sprachhandlung. Irgendetwas an dieser performativen Zeit der Aufführung, dieser mit Spiel gefüllten Zeit-Dauer, widersetzt sich dem Denken und Erleben von Gegenwart als bloß flüchtig oder zwischen Vergangenheit und Zukunft eingekeilt. Vielmehr ist hier Gegenwart der Ort von Veränderung in der Zeit, eine Dauer oder Spanne, in der sich Handlungsmacht verortet. Die Verkörperung der Spieler:innen öffnet – so könnte man sagen – eine verräumlichte Zeitspanne, in der Veränderung stattfindet. Eine Dauer, innerhalb derer sich eine wie auch immer geartete Form der Wirksamkeit entfaltet. Handlungen und deren Konsequenzen werden sichtbar und wirken in der spielerisch eröffneten Zeit. Gedanken werden entwickelt, im Monolog, dialogisch oder als Gruppe, werden ausgesprochen und geteilt.

Diese mit Wirksamkeit gefüllte Dauer trägt den Funken eines widerständigen Potenzials in sich, das sich nicht mit der bestehenden Ordnung der Dinge abfindet. Denn es wird in dieser Dauer Handlungspotenzial sichtbar. Die Gegenwart spannt sich auf als Raum geteilter Wirksamkeit – beim letzten Mal habe ich von Wirkmächtigkeit gesprochen. Es ist möglich, zu tun, etwas zu tun. Dinge verändern sich, in der Zeit, in einer aktiven Gegenwart, die mit anderen bewohnt wird. Und vielleicht entspricht dieser Erfahrung gefüllter Zeit oder Gegenwart der Dauer eine bestimmte Form der Affizierung – Angestoßen-Sein vom Veränderlichen, vom DASS der Veränderung, die im Spiel mit anderen erlebt wird. Ein Affekt, der aus der performativen Erfahrung resultiert, dass sich im Durchgang durch die Dauer des Spiels die Dinge und die Körper verändert haben werden. Ein Affekt, dass Differenz stattgefunden haben wird. Andersheit.

Für Körper zu schreiben heißt demnach auch, für das Öffnen des Mundes, für die sprachliche Durchquerung gemeinsamer Räume, für die von Körpern geöffnete und verortete jeweilige Gegenwart, für die Dauer der Jetztzeit dieser Körper und für die Veränderlichkeit zu schreiben.

Gegenwart als Wirk-Zeit

Etwas an dieser Öffnung des Mund-Raums und der Gegenwart als gefüllte Zeit und Dauer rührt – so denke ich – am Politischen. Ich habe versucht, von dem zu sprechen, was am Theater zu vermissen wäre, würde es verschwunden sein: Ich habe von Affektion gesprochen, also von einer bestimmten Form der Anstoßung, einer körperlich vermittelten Intensität des Sprechens und verkörperten Denkens. Und all das geht mit einer Öffnung einher, der Öffnung eines sprachlich gewirkten Raums, in welchem gemeinsam um Sinn gerungen wird. Körper als denkende Organe des Bühnenraums. Und dies in der performativen Jetzt-Zeit gefüllter Gegenwart, einer Dauer. Ich glaube, etwas an dieser spezifischen Zeitlichkeit der Aufführung leistet auf seine Art Widerstand gegen ein immer noch wirkmächtiges Zeitverständnis einer leeren Gegenwart. Damit meine ich das Bild der Gegenwart als verschwindendes Nichts, als bloße Serie von Augenblicken ohne Dauer und daher ohne Handlungsmöglichkeiten. Eine Vorstellung von Gegenwart, die noch immer unter der Signatur des Endes der Geschichte Krise für Krise staunend die scheinbare Selbstaktualisierung der bestehenden Verhältnisse beobachtet. Eine Vorstellung, die im Stillen und klammheimlich Zukunft immer noch als Progress, Wachstum und Aufstieg denkt oder auch erhofft. Gegen alle Evidenzen. Von der immer wieder ausgerufenen Alternativlosigkeit gleichzeitig paralysiert und erleichtert sagt diese leere Gegenwart: Dann kann man ja wirklich nichts tun, während alles geschieht – scheinbar wie von selbst. Katastrophe für Katastrophe.

Aber immer schwerer lässt sich dieser verkennende Blick auf die Dinge aufrechthalten. Die tatsächliche Gegenwart, wie wir sie erleben, hat die Leere verdrängt und sich mit Zeit gefüllt. Es ist in ihr eine andere, volle Zeit gegenwärtig, mitunter auf erschreckendste Weise. Voll ist sie mit dem Andrängen der Fragen einer Zukunft, über die jetzt entschieden wird. Denn diese Zukunft hat keine Zeit mehr, ihr Kommen drängt. Gegenwart wird von ihr durchfurcht und aufgerissen. Und doch – in diesen Klüften öffnen sich Räume realer Handlungsmöglichkeiten wie auch dringlicher Handlungsnotwendigkeiten. Räume, in denen die Frage von Veränderung zur zentralen Frage der Gegenwart und Zukunft geworden ist. Und Veränderung findet statt. Andauernd und an allen Orten. Veränderungen, die Mut machen, und Veränderungen, die einschüchtern, verzweifeln lassen, einen ratlos zum Verstummen bringen – Unterdrückung, Ausbeutung, Zerstörung und Krieg. Zum Beginn der Pandemie schien eine Art planetarisches utopisches Bewusstsein für einen Moment fast greifbar. Der Vorschein einer ganz anderen Gegenwart und Zukunft. Zwei Jahre später scheint all das längst verpufft. Und Putins Angriffskrieg gegen die Ukraine macht darüber hinaus erschütternd deutlich, dass politische Freiheiten, die Zukunft oder Möglichkeit von Demokratie und liberalen Gesellschaften in der Jetzt-Zeit der Gegenwart entschieden werden, bedroht von den einen, verteidigt von anderen. Keine Freiheit entwickelt sich von selbst. Sie wird je neu ins Werk gesetzt, verwirklicht, verteidigt und bedroht oder vorsätzlich zerstört.

Ich möchte glauben, dass die performative Jetzt-Zeit der sprechenden, handelnden Körper auf der Bühne Teil einer – zugegeben verletzlichen, schwachen und vielleicht sogar kontrafaktischen – Praxis offener Gegenwart ist, Teil einer suchenden Praxis der Einübung in die Veränderbarkeit von Situationen, unter denen Menschen leiden, Einübung in die Wirksamkeit der Gegenwart, in eine Vorstellung von Gegenwart als Wirk-Zeit von Subjekten, Gegenwart als Zeit der Dauer aktiver Veränderung, Einübung in das gemeinsame Mit-Teilen von Sinn und dessen Fraglichkeit, Einübung in ein Wissen um unsere körperliche Versehrbarkeit bis hin zum Tod. Neben Momenten der Affektion ist dies vielleicht ein weiteres Element, das ohne Theater fehlen würde – ein Raum der Erfahrung von Gegenwart als Handlungszeit und Dauer der Veränderung, Theater als Darstellungsform der Wirk-Zeit von Subjekten. Und vielleicht könnte hier nun nach und nach eine – wie könnte man es nennen? – eine »praktische« Definition von Theater entstehen, indem noch weitere Elemente gesammelt werden, die vielleicht unverzichtbar zu dieser

Kunstform gehören, zu dieser Kunstform, die man Theater nennt und für deren Körper ich schreibe.

Ich gehe also weiter auf dieser Suche nach dem, was fehlen würde, gehe suchend weiter, bevor das Ende kommt, und sammle, sammle Elemente. Bisher habe ich von Affekt, Verkörperung und Öffnungen gesprochen. Jetzt aber werde ich von Gegenkräften sprechen. Denn wenn die Darstellung der Wirksamkeit von sprechhandelnden Körpern in einer mit anderen geteilten, gefüllten Gegenwartsdauer Theater ist, dann gibt es in dieser verkörpernden Aktivität der Spieler:innen mindestens drei Gegenkräfte oder auch Grenzen, die in ihrem Spiel am Werk sind. Ich werde diese Kräfte bzw. Grenzen benennen und hoffentlich zeigen können, was sie als Widerstand dem Theater hinzufügen. Ich nenne sie und werde mich ihnen dann einzeln widmen:

Die erste Grenze trennt die Sprache von ihrem Körper. Es geht dabei um Mitteilbarkeit oder Übersetzbarkeit (ein Begriff, der hier schon mehrmals eine Rolle gespielt hat).

Die zweite Grenze trennt die lebendigen Körper von ihrem Unmöglichen. Es geht also um den Tod.

Die dritte Grenze trennt den Akt des Spiels von seiner Totalisierung. Es geht um das Offene.

EWALD PALMETSHOFER

Trennungen

Erste Grenze bzw. Kraft: Sie trennt die Sprache von ihrem Körper

Körper schreiben, für Körper schreiben – das heißt Sprache schreiben, die von Spieler:innen verkörpert und in Akte des Sprechens übersetzt wird. Mit dieser Aneignung der Sprache durch die Spielenden geht jedoch auch eine gegenläufige Bewegung einher. Etwas trennt die Sprache wiederum von ihrem Körper, etwas entzieht sich der Verkörperung oder übt eine Art Gegendruck aus. Dieses Etwas, diese Grenze oder Trennung, dieser Widerstand ist die Form – die Form der Sprache. Sprache wird verkörpert. Ihre Form aber übt einen Widerstand aus, ist die Gegenkraft der Sprache, die sie dem Körper entgegenhält. Form oder Geformtheit der Sprache ist eine Art künstlicher Überschuss, der über die bloße Kommunikation, den Austausch von Information, das Sprechen des Alltags, über die inhaltliche Ebene des Gesagten hinausgeht. Doch damit nicht genug: Form übersteigt und überwindet auch die Begrenzungen der Lokalisierung, des sozialen Ortes (also Milieu und Klasse), alle Wesenszuschreibungen oder Essenzialismen, die mit den Figuren bzw. Sprecher:innen scheinbar verbunden sind.

Die Form der Sprache lässt das scheinbar Partikulare der Figur zurück, übersteigt es. Der Text geht über die Figur hinaus, führt sie aus sich selbst heraus, weil er sie mit einem Element der Fremdheit qua Form belegt. Die Idee eines vermeintlich realistischen oder authentischen Sprechens wird so durch die Form der Sprache gestört, in Irritation versetzt, ihr wird ein Widerstand entgegengesetzt. Oder anders ausgedrückt: Die sprachliche Form fügt einen Zwischenraum, einen trennenden Abstand zwischen der Figur und ihrem Sprechen ein. Etwas an der Materialität des Gesprochenen ist hier nicht gänzlich assimilierbar, widersteht der Naturalisierung/ Normalisierung. Das verkörpernde Sprechen der Spieler:innen hat somit eine doppelte Distanz zu überwinden: Sie zieht einerseits aus der Figur hinaus in die Distanz hin zur Ferne anderer Figuren, Spieler:innen und des Publikums, andererseits aber ist Sprechen auch die Überwindung des Abstands zwischen Figur und geformter Sprache. Sprechen findet hier über den Weg oder Umweg der Form zu sich, durch die Überwindung des Widerstands, den Form bedeutet. Dadurch spricht die Figur nicht bloß einfach vermeintlich authentisch AUS sich heraus. Vielmehr findet sie etwas VOR, etwas VOR sich – etwas Fremdes, Anderes, etwas Außerhalb, das über den Akt des Sprechens zur Figur zurückführt: Form. Form dezentriert und denaturalisiert den Sprechvorgang der Sprecher:innen. Das Sprechen ist mit einer Störung behaftet: Eine Torsion oder Beugung aus dem Inneren der Sprache heraus setzt der Sprecher:in eine Kraft, einen Widerstand entgegen. Dadurch wird der Akt des Sprechens ALS Akt zu Bewusstsein gebracht, wird als sich aktiv nach außen richtender, sich adressierender Akt sichtbar gemacht. Und dadurch wird deutlich: Sprechen ist Arbeit, Arbeit an der Form, Auseinandersetzung mit ihrer Alterität und Gegenkraft. Und als solches ist Sprechen bereits Übersetzung und Transfer, als Durchquerung dieses Zwischenraums zwischen Körper und Form. Dabei macht das Unkörperliche des Textes überhaupt erst Raum oder Platz für die Anverwandlung und Verkörperung durch jemanden – egal wen – Spieler:innen eben. Eine Art der Ent-Essenzialisierung findet statt. Es ist der Akt der Verkörperung selbst, mit Sprache als Objekt der Fremdheit, der jenseits des in Texten Ausgedrückten eine unhintergehbare Überzeugung zum Ausdruck bringt: die Überzeugung, dass Sprechen verstehbar ist, dass Sprache geteilt mit anderen stattfindet, dass es Ausdruck gibt, dass Sprache sein Gegenüber treffen und anstoßen kann, und dass dabei die Verbindung zwischen sprechendem Körper und Text keine wesensmäßige ist, sie gilt am Theater nur aktuell für die Dauer des Spiels.

Der verkörperte Text und der Akt des Verkörperns selbst – beides geht von einer grundlegenden Kommunikabilität und also Übersetzbarkeit aus. Dass Erfahrungen trotz und in aller Differenz mitteilbar, in aller bloßen Annäherung kommunikabel sind. Theater ist nicht nur ein Raum der Kommunikation. Theater ist auch und vor allem ein Raum der Mit-Teilung von Kommunikabilität überhaupt: Sprache ist offen und geteilt, sie ist verstehbar und ihr Plural – also lokale, subjektive oder kollektive Sprachen (auch im identitätspolitischen Sinn) – ist bzw. sind übersetzbar. Singuläre oder subjektive Erfahrungen können qua Text in Körper genommen werden und genauso aus Körpern wieder veräußerlicht werden. Was jemand sagt, IST verstehbar, Erfahrungen SIND mit-teilbar. Und ja, es bleibt ein Rest, der weder im Text noch in dessen Verkörperungen, der in keiner Form der Kommunikation gänzlich aufgeht, ein Rest, der sich der Mitteilung entzieht. Der Schmerz über diesen Rest ist unaussprechlich. Aber trotzdem spricht jemand. Immer wieder. Versuchsweise. Allein oder mit anderen. Damit das Schweigen nicht das letzte Wort behält. Theater ist die politische Wette darauf, dass Sprache übermittelbar, Welterfahrung übersetzbar, Aussagen verstehbar sind. Damit fügt es zumindest ein kleines, störendes Moment in die Idee authentischer Rede ein. So authentisch ein Sprechen auch sein mag – es ist doch auf die Übersetzbarkeit, den Transfer hin zu anderen angewiesen, um nicht auf sich selbst bezogen zu bleiben. Vielleicht ist dieser Gedanke der Mit-Teilbarkeit ein zwar brüchiges aber nichtsdestotrotz notwendiges Fundament der Körper und ihres Sprechens auf der Bühne und vielleicht sogar darüber hinaus. Auch emanzipatorische Bewegungen müssen von der Verstehbarkeit der Sprache und von mitteilbarer Welterschließung ausgehen. Es gibt kein ausschließlich subjektives Wissen, keine Monosprache. Sprache ist geteilt, Sprechen muss mit den anderen als andere rechnen, muss aus sich heraus in die Vermittlung mit anderen treten, auch um den Preis des Schmerzes, den empfundenen Kern, die Wunde selbst, sprachlich nicht zur Gänze repräsentieren zu können. Sprechen setzt sich der Fremdheit, der Alterität der anderen aus. Sprechen dient nicht nur der Selbstauskunft, ist suchend adressiert und ist – unter bestimmten Voraussetzungen, in bestimmten Situationen – eine Arbeit an der Versammlung möglicher Alliierter. Letztlich müssen wir von der Mitteilbarkeit unserer Erfahrungen ausgehen, um darüber demokratische Mehrheiten zu sammeln – wir sind auf die Verstehbarkeit, auf ein Verstehen in Differenz durch andere, die unsere Erfahrungen nicht kennen, angewiesen.

Ich möchte also zum Begriff des Affekts, zur Öffnung des Mundes auch den der Mitteilbarkeit bzw. Übersetzbarkeit hinzufügen.

Zweite Grenze bzw. Kraft:
Sie trennt die lebendigen Körper von ihrem Unmöglichen

Es geht hier um den Tod. Ich habe gesagt: Ich schreibe für die Körper. Und es sind lebendige, sprechende Körper, für die ich schreibe. Der Körper spricht – auf der Bühne. Und dieser sprechende Körper ist sowohl Ermöglichungsgrund des Spiels auf der Bühne, als auch dessen Grenze. Am Körper nämlich endet das Spiel. An ihm macht es Halt. Es fordert zwar unter Umständen seine völlige Verausgabung, geht aber über die aktuellen Möglichkeiten des Körpers als lebendiger Leib nicht hinaus. Der Körper ist Grund und Grenze des Spiels, und als diese Grenze schließt das Spiel den Tod aus der Präsentation aus. Der Tod mag repräsentiert werden – zeichenhaft auf diese oder jene Weise –, unzählige Bühnentode mag eine:r sterben, aber der Körper widersteht und entzieht sich der Realisierung des Todes. Es gibt hier einen »Realismus« des aktualen Körpers, der sich jedem Realismus der Realisierung des Todes auf der Bühne entzieht. Die technischen Mittel, die beispielsweise Filmemacher:innen zur Verfügung stehen, um die Körper auf der Leinwand in den Tod zu schicken und diesen Tod, das Ende der Körper, ihre Zerstörung, ihre Zerstückelung, Durchbohrung, ihr Verschwinden, zu zeigen, sind auf der Bühne nicht gegeben. Der Bühnentod kann seine performative Geste des Darstellens nicht ablegen, während der Tod auf der Leinwand auf technisch verblüffende Weise eben jenes Moment der bloßen Darstellung – so tun, als ob – unsichtbar zu machen versucht. Anders ausgedrückt: Der Körper des Theaters, der Körper am Theater insistiert, hält an der Geste des Darstellens fest. Etwas am Theater hält am Leben fest – die geteilte Gewissheit aktuellen Lebendig-Seins – als spräche die Bühne ein imperativisches »lebe!« aus zu den Körpern, den Spieler:innen. Das Theater ist – trotz all der möglichen Exzesse an Bühnenblut – kein Spektakel des Blutes! Es ist ein Ritus, der das Leben schont, ein Ritus, der die Grenzen des Körpers und seine Unversehrtheit wahrt. Das Theater ist kein Amphitheater, kein Kolosseum. Die Löwen sind Spieler:innen im Kostüm, die Spieler:innen geben nur vor, einander weh zu tun. Wir sind Todgeweihte, aber nicht heute, nicht jetzt. Das Spiel auf der Bühne lebt einzig durch die lebendigen Körper der Spieler:innen. Und es ist diese Lebendigkeit, die die Grenze des Spiels bedeutet. Das Insistieren der Körper – die Wahrung ihrer Unversehrtheit – spricht einen impliziten ethischen Imperativ, ein stummes Gebot. Dies ist die Ethik des Realismus der Körper: Es ist ein Übel, Leben zu mindern, Leben zu nehmen, Leben zu zerstören und von seinen aktualisierenden Vollzügen zu trennen. Es ist gut, dass Leben ist.

Der Horror der Bühne ist nicht der Körperhorror der Splatter Movies – der Horror der Bühne ist der Bühnenunfall. Die Verletzung der Spieler:innen aus mangelnder Sicherheit, Sorgfalt, aus Versehen oder Unglück. Das ist der Horror des Theaters und der Spieler:innen. Mag man auch sagen, dass das Theater vom Ritus komme, der Körper markiert doch die Grenze, die Trennung, die Lossagung eben davon, die Lossagung von Opfer, Blut und Gewalt. Im Sinne einer säkularen Religion, die das Leben bewahrt, die von der Verletzlichkeit unserer körperlichen Existenz weiß, an dieser Grenze Halt macht und sie als unaufgebbare und doch andauernd verletzte zur Darstellung bringt. Theater als Kathedrale der Verletzlichkeit.[21]

Es gibt diejenigen, die sagen: »Töte!« Die Bühne aber sagt: Wir sind tödlichst verwundbar, verletzlich, unerträglich sterblich mit diesen denkenden, fühlenden, sprechenden, handelnden Körpern hier, die wir zeigen, zur Darstellung bringen. Mit jedem Zeigen dessen erscheint unsere Verletzlichkeit und die Grenze des Todes, die wir heute hier hintanzuhalten versuchen. Vielleicht zeigen wir ihn, einander, bloß als Dargestelltes – den Tod –, aber niemand soll ihn sterben. Nicht hier, nicht jetzt, an keinem Ort! Auf der Bühne ist es möglich, den Tod zu repräsentieren, mit den Körpern so zu tun, als ob, oder ihn, den Tod, in die Sprache zu nehmen, zu versuchen, ihm sprachlich nahe zu kommen. Doch ist er nur als Abwesender anwesend. Und so lasse ich kurz CLARA aus *Die Verlorenen* sprechen. Beim letzten Mal hat sie noch mit KEVIN in der Disko getanzt. Sie erinnern sich vielleicht. Dann haben sich die beiden ausgezogen. Und jetzt kommt plötzlich ihre Stimme daher – mit ihren letzten Worten. Sie war am Fenster, oben in diesem Haus, wie ich, wie PETRA, war sie am Fenster. Und dann ist etwas passiert … gestürzt ist sie …:

EWALD PALMETSHOFER

CLARA[22]

ich lieg
zerbrochen
hin
ge
worfen
aus dem
–
tief herab
ge
auf der
–
kann den Schotter
Stein für Stein
auf einer Körper
seite
spürn
wie jede Spitze dort wo eine Zelle meiner Haut an
eine andre stößt – so stell ich mir das ...
tausendfach
um Einlass in mich
bittet
drängend
dringend
manchem
wurd schon
aufgetan
schon längst
im Garten halb
gelandet
ich

durch
meine
Leibesmitte führt
ein Zaun
was davon übrig ist
von seinem Maschendraht
durch mich
entblättert
ragt
ein Pfahl,
der von der Erde weg
nach oben zeigt
gepflanzt in mich

der Himmel steht jetzt still
das Licht der Sterne
eingefrorn
zu Staub zerfalln
von einem Wind
und Hauch
ins All
verblasen

da!
da! nur ein einzig
Korn
aus Licht
dem Sternen
sturm
entkommen
schwebt

herab
auf meinem
linken Auge
aufgerissen
weit hervor es tritt
sich presst
entgegen
ihm
und landet
dieses Quäntchen Licht
auf meinem Augenrund
und durch die Hornhautsphäre dringt
ganz leicht geht das
vorbei
an einer
Regen
bogen
haut
ins Schwarze voll
getroffen
tiefer sinkt
und schwimmt
durch einen Körper
flüssig Glas
und fängt ein rotes Netz es auf
dort explodiert's
in einem grellen
letzten
Blitz
der meinem Hirn
auf seiner Bahn erzählt

elektrisch
sieh!
es werde
Licht
nur kurz
wie schade
dann
ein weißer
Punkt
mehr nicht
verlischt
verglimmt
verbrennt
dann

nichts

Ich möchte also zum Affekt, zur Öffnung des Mundes und zum Postulat der Mitteilbarkeit und Übersetzbarkeit noch die tödliche Verletzbarkeit unserer Körper und ihren Widerstand auf der Bühne gegen den Tod hinzufügen.

Dritte Grenze bzw. Kraft:
Sie trennt den Akt des Spiels von seiner Totalisierung

Körper schreiben – damit komme ich wieder zurück zum Anfang von vor einigen Wochen. Körper schreiben heißt mit den anderen rechnen, mit der Kunst der anderen, mit den Körpern, Ideen, Denk- und Bildräumen, künstlerischen und handwerklichen Fähigkeiten der anderen rechnen und auf sie bauen. Ich sagte, dass die einzige Existenzform des Bühnentextes sein Sein als gesprochene Sprache, seine Verkörperung durch Spieler:innen IST. Um zu sein, muss der Text seine Form ändern, muss Aufführung für Aufführung je neu ent-schrieben und verdrängt werden, muss er sich in der Verkörperung und Mit-Teilung verlieren, um als veränderter, anderer zu sich zu kommen. Diese grundlegende und unhintergehbare Offenheit des Textes bedeutet, dass er sich der Schließung entzieht. Anders gesagt: Es gibt keine abschließende Lesart des Textes, keine totalisierende Verkörperung des Geschriebenen, keine finale Inszenierung oder Aufführung. Es gibt nur die Jetzt-Zeit des Spiels, das immer wieder vom Scheitern bedroht ist und sich des Ausgangs und der Tragfähigkeit der eigenen Hypothesen an diesem je konkreten Abend, in dieser aktuellen Gegenwart des Spiels nicht sicher sein kann. Nicht nur gibt es keine Monosprache, die nicht der Übersetzung bedürfe, es gibt auch keine Metaperspektive, die den gesamten Prozess der Verkörperung und gemeinsamen Mit-Teilung von Sinn in sich aufnehmen könnte. Auch ist die Aufführung nicht die Konstruktion einer gleichförmigen, homogenisierten Gemeinschaft. Sowohl die Versammlung als auch das, was gespielt, gesprochen, gezeigt wurde, verschwindet mit der Zeit, löst sich auf, ist nicht fixierbar und auf einen Begriff zu bringen.

Das Sein des Textes ist also offen, offen für das Kommen anderer Interpretationen, anderer Affekte, anderer Verkörperungen und anderer Gegenwarten. Es ist offen für die fortwährende, kommende und unabschließbare gemeinsame (Mit-)Teilung und Befragung von Sinn. Weil Sinn erst von und mit den anderen kommt. Immer wieder. Je und je.

Diese Unabschließbarkeit füge ich zu den anderen Elementen nun also noch hinzu. Zur Öffnung des Mundes, zur radikalen Übersetzbarkeit, zur geteilten Verwundbarkeit der Körper und zu unserer Affizierbarkeit durch Sprache, zum Affekt – mit dem ich vor vier Wochen begonnen habe, um mich dem zu nähern, was Theater vielleicht ist oder gewesen sein wird, sollte es verschwinden. Und vielleicht ist es mir ein bisschen gelungen dadurch zu beschreiben, was ich als meine Arbeit erachte, wofür ich arbeite, schreibend, und warum. Vielleicht ist es mir also ein bisschen gelungen mitzuteilen, was ich mit diesen beiden Worten meine, mit denen ich vor vier Wochen hier begonnen habe. Mit diesen beiden Worten: Körper. Punkt. Schreiben. Punkt. Und dieser Punkt – der letzte – markiert nun hier das Ende.

Anmerkungen zu den Vorträgen

1 Was zwischen den Worten »KÖRPER« und »SCHREIBEN« geschieht, wenn man sie nacheinander ausspricht, ist ambig. In der Lücke dazwischen, in der im Schriftbild ein Punkt sitzt, könnte sich eine stumme Konjunktion befinden, ein nicht ausgesprochenes »UND«, als handelte es sich bei ihrer Nennung um die Aufzählung zweier Elemente, um die es im Kommenden gehen mag.

2 Der geschriebene Text fordert hier eine orthografische Entscheidung, deretwegen eine weitere Mehrdeutigkeit, die beim Sprechen dieser beiden Worte entsteht und unentscheidbar offenbleibt, verloren zu gehen droht. Akustisch war diese Mehrdeutigkeit schon längst zu vernehmen, nämlich das Changieren des Wortes »SCHREIBEN« zwischen Substantiv und Verb. Der unhörbare Punkt im geschriebenen Text, also auf dem Papier, verschleiert das. Lässt man ihn weg, ist eine Entscheidung fällig: großer oder kleiner Anfangsbuchstabe, »Körper (und) Schreiben« oder »Körper schreiben«? Geht es um Körper und das Schreiben oder etwa um Körper, die schreiben (im Gegensatz zu beispielsweise schreibenden Maschinen)? Oder wird gar der Körper geschrieben, wenn es heißt »Körper schreiben« – so wie man Romane schreibt oder eben Körper? Oder sind es nicht sogar mehrere Körper, Plural, die da geschrieben werden, wenn man Körper schreibt? Wie also als Schrift notieren, was nur als Gesprochenes zu vernehmen sein wird?

3 Als weiß und männlich gelesener Körper ist mein Körper privilegiert. So sehr ich glaube, mir dessen bewusst zu sein, so sehr befürchte ich, das tatsächliche Ausmaß dieser Privilegiertheit nur in Teilen ermessen zu können. Unter dem Zeichen eines derartig gelesenen Körpers wurden und werden seit jeher Diskurse mit dem Selbstverständnis universalen Sprechens geführt. Ich hoffe, dass mein Sprechen und Schreiben hier nicht denselben Fehler begeht, dass es sorgfältig und sensibel genug ist, nicht auszuschließen, sondern offen zu stehen für die Anverwandlung durch andere Diskurse. Ich spreche vor dem Hintergrund meiner eigenen mitunter minoritären oder partikulären Erfahrungen und auch, wenn ich weiß, nicht für alle sprechen zu können, hoffe ich doch, nicht nur von

mir zu handeln. Wenn ich im Kommenden vom Körper spreche, meine ich die leibliche Verfasstheit menschlicher Wesen in ihrer Verletzlichkeit. Unterdrückungsstrukturen arbeiten aktiv an deren Ungleichverteilung, aber im Letzten ist unsere Verwundbarkeit der unhintergehbare Fluchtpunkt aller menschlichen Existenz (wie alles Lebendigen auch). Spätestens im dritten Vortrag werde ich darauf expliziter eingehen.

4 Für die Buchfassung der Vorträge haben sich der Herausgeber und ich entschieden, auf dem Buchdeckel zum Teil andere Worte unter den Titel zu setzen. Sie fassen die tatsächlich genommene Route besser zusammen, während ich hier noch unterwegs bin und nach Wegmarken suche.

5 Ich entlehne den Begriff der Mit-Teilung bei Jean-Luc Nancy. Seine Philosophie ist von einem Denken des Seins als Mit-Sein getragen. Der Begriff der Mit-Teilung kursiert in Nancys Œuvre im Zusammenhang mit der Hervorbringung von Sinn – der nicht vorgefunden, aber geteilt wird, mit anderen, also mit-geteilt – und spielt darüber hinaus in seinem Denken der Gemeinschaft eine wesentliche Rolle. Vielleicht ist es auch dieses »Mit«, das im Begriff der Ko-Präsenz, der während der Pandemie immer wieder bemüht wurde, um das Besondere des Theaters zu bezeichnen, mitschwingt. Vgl. beispielsweise: Jean-Luc Nancy: *Von einer Gemeinschaft, die sich nicht verwirklicht.* Wien: Verlag Turia + Kant 2018.

6 Das sagt PETRA in meinem Stück *räuber.schuldengenital*, einem Text aus 2012, in dem sich PETRA und das Brüderpaar FRANZ und KARL gegen die Zukunftsvergessenheit der Elterngeneration wenden, eine Generation, welche – wie die drei formulieren – die Zukunft immer bloß als Progress, als Aufstieg und Verlängerung der Gegenwart begreift und darüber vergisst, dass dies die Ressourcen und Lebensgrundlagen eben dieser Zukunft verzehrt. – Genaue Angaben zu den Stücktexten, die ich im weiteren Verlauf aufgreife und zitiere, finden sich in der detaillierten Werkliste am Ende dieses Buches.

7 Der Begriff des Intensiven oder der Intensität, wie ich ihn hier verwende, steht in engem Verhältnis zu jenem des Affekts. Intensität ist für mich dabei offener und weniger von möglichen emotionalen Konnotationen des Affektbegriffs gefärbt. So könnte ein von jemandem vorgetragener Gedanke als intensiv erlebt werden, ohne dadurch die besondere affek-

tive Qualität dieses Erlebens näher zu bestimmen. Ebenso könnte der Umschlag von Affekten, ihre rasche Veränderung, als Intensität wahrgenommen werden. Affiziert zu werden ist – so betrachtet und allgemein gesprochen – ein intensives Geschehen. In seinem 2020 erschienenen Buch über Intensität im Fußballstadion spricht Hans Ulrich Gumbrecht von Intensität im Zusammenhang mit der Erfahrung von Gemeinschaft und der Dynamik von Menschenmengen. Intensität oder Affizierung am Theater scheint sich mir hingegen nicht durch die Herausbildung einer Zuschauermenge zu ereignen, selbst wenn es in seltenen Fällen während einer Theateraufführung zu Erfahrungen des Kollektiven kommen mag. Intensität am Theater vereinigt Menschen nicht zu einem Körper, sondern ist für mich ein Phänomen im Dazwischen der Körper. Vgl. Hans Ulrich Gumbrecht: *Crowds. Das Stadion als Ritual von Intensität.* Frankfurt a. M.: Vittorio Klostermann GmbH 2020.

8 Vgl. etwa: Hans-Thies Lehmann: *Das Politische Schreiben. Essays zu Theatertexten.* Berlin: Verlag Theater der Zeit 2012.

9 Vgl. etwa: Gilles Deleuze: *Spinoza. Praktische Philosophie.* Berlin: Merve Verlag 1988. Eine ähnliche Definition und ein hilfreicher Überblick zur Begriffsgeschichte findet sich im Vorwort von: Susanne Witzgall/Marietta Kesting (Hg.): *Politik der Emotionen/Macht der Affekte.* Zürich: diaphanes 2021.

10 Auf folgende Wendung bei Spinoza wird in diversen affekttheoretischen Texten immer wieder verwiesen, weshalb sie hier kurz angeführt werden soll: »Unter Affekt verstehe ich die Affektionen des Körpers, durch die die Wirkungskraft des Körpers vermehrt oder vermindert, gefördert oder gehemmt wird, und zugleich die Ideen dieser Affektionen.« In: Baruch de Spinoza: *Die Ethik nach geometrischer Methode dargestellt.* Hamburg: Felix Meiner Verlag 1976, S. 110.

11 Nancy schreibt: »Es gibt also niemals einen Körper ohne andere Körper.« In: Jean-Luc Nancy: *Körper.* Wien: Passagen Verlag 2019, S. 14.

12 Zur Verbindung von Sinn und Körper schreibt Nancy in Auseinandersetzung mit Antonin Artaud etwa: »[E]in ›Körper‹ ist ein Sinn in actu.« Und kurz davor schreibt er: »Entscheidend ist, dass im Theater der Text in Körper(n) ist, *en corps,* dass er Körper ist.« In: Nancy: *Körper* (Anm. 11), S. 34 und 33.

13 In der neueren affekttheoretischen Literatur wird Affekt tatsächlich vor allem als Phänomen im Dazwischen betrachtet. Vgl.: Melissa Gregg/Gregory J. Seigworth (Hg.): *The Affect Theory Reader.* Durham, London: Duke University Press 2010.

14 Aus: Ewald Palmetshofer: *Die Verlorenen* (2019).

15 In der gesprochenen Version fand sich an dieser Stelle eine Klammerbemerkung, die ich hier in einer Fußnote auflöse. In Klammern stand da ein emphatischer Verweis auf eine andere Poetikvorlesung und auf deren Unerreichbarkeit. Ich kenne sie nicht in schriftlicher Form, sondern lediglich als Aufzeichnung, als Mitschnitt aus einem Hörsaal in Frankfurt am Main. Ich kann sie mir als geschriebenen Text auch gar nicht vorstellen. Und wahrscheinlich findet sich alles, was ich hier über Körper zu sagen versuche, auf performativer Ebene im sozusagen leibhaftigen Vortrag des sprechenden Autors. Der Titel der Vorlesung bringt darüber hinaus auf den Punkt, was ich später im Zusammenhang mit dem »DASS des Sprechens« behandeln werde, die Schwierigkeit des Anfangs, über die zu sprechen ich eigentlich für diesen zweiten Vortrag geplant und angekündigt habe. Es handelt sich um Ernst Jandls Poetikvorlesung *Das Öffnen und Schließen des Mundes – Frankfurter Poetikvorlesungen 1984/85.* filmedition suhrkamp (zwei DVDs). Hg. v. Johannes Ullmaier. Berlin: Suhrkamp Verlag 2010.

16 In der gesprochenen Version gab anstelle der Ausixung eine Regieanweisung die Überlagerung des Gesagten durch ein Störgeräusch vor.

17 Der Begriff der Anrufung geht auf einen einflussreichen Text Althussers zurück, wonach Individuen von der Ideologie als Subjekte angerufen werden. Vgl.: Louis Althusser: *Ideologie und ideologische Staatsapparate.* Hamburg: VSA Verlag 2010.

18 Der ehemalige österreichische Bundeskanzler Kurz sprach 2019 auf die Bewohner:innen der Stadt Wien gemünzt davon, dass »immer weniger Menschen in der Früh aufstehen, um zu arbeiten, und in immer mehr Familien nur mehr die Kinder in der Früh aufstehen, um zur Schule zu gehen«. Aus seiner Sicht ein treffliches Argument für die Reduktion gesetzlicher Sozialhilfeleistungen. Man wertet erwerbsarbeitslose Menschen ab, reduziert staatliche Sozialleistungen und zementiert dadurch gerade erst recht prekäre Lebensverhältnisse. In einem Schritt. So war

zumindest der Plan. Ich führe dieses Beispiel an, weil es zeigt, wie unaufgeregt, geradezu süffisant und nüchtern dieses Sprechen daherkommen kann. Es kommt ganz ohne »intensive« Worte aus, während es benennt und Menschen in ihren Verhältnissen festzuschreiben, festzusetzen versucht.

19 Eine schmerzhaft präzise Analyse und Beschreibung der Kränkung und Benennungen (auch im Sinne Althussers Begriffs der Anrufung) von schwulem Leben findet sich in: Didier Eribon: *Betrachtungen zur Schwulenfrage.* Berlin: Suhrkamp Verlag 2019. Dort spricht Eribon auch – bezugnehmend auf Sartres Schrift *Saint Genet, Komödiant und Märtyrer* (frz. EA 1952: *Saint Genet, comédien et martyr*) – vom Urteil, einem Verdikt oder Urteilsspruch der Benennung, von dem weiter oben die Rede war (vgl. ebd., S. 11–28).

20 Ich streiche die Figurennamen hier durch, weil zuvor von Spieler:innen die Rede war. Tatsächlich ist im Moment des Anfangs unentscheidbar, ob hier Figuren oder eben Spieler:innen sprechen oder – wie im Verlauf des Stückes deutlich wird – Figuren, die als Spieler:innen ihrer selbst ihre (konkurrierenden) Geschichte(n) post festum erspielen. Auf einer performativen Ebene ist diese Unterscheidung zum Stückbeginn eigentlich unmöglich. Jemand betritt die Bühne und spricht. Das DASS des Sprechens geht dabei dem WER voraus. Für die Figuren-Identität der Sprechenden gibt es noch keinerlei Anhaltspunkte. Sie treten dem Publikum als Gruppe von Spieler:innen gegenüber, bis sich durch das Spiel nach und nach Figuren und deren Verhältnisse zueinander herausschälen.

21 Judith Butler spricht von der Möglichkeit, Gemeinschaft als Raum zu denken, in dem wir uns – wenn auch in Differenz – in eben jener grundlegenden Verletzlichkeit gleichen, die menschlichen Wesen per definitionem zukommt. Vgl.: Judith Butler: *Gefährdetes Leben. Politische Essays.* Frankfurt a. M.: Suhrkamp Verlag 2005.

22 Wenn es in diesen drei Vorträgen um Schreiben und Körper geht, müsste es an irgendeiner Stelle auch um den Text als Körper, um den Text in seiner Materialität gehen und schließlich darum, wie sich der Text, also Stücktext, auf der Seite, auf dem Papier verkörpert. Denn es ist dieser Textkörper, mit dem Schauspieler:innen von der ersten Lektüre über die Probenphase bis zu den jeweiligen Aufführungen an der Verkörperung

desselben arbeiten. Ich bin davon überzeugt, dass es einen Unterschied macht, wie der Stücktext auf dem Papier erscheint – das betrifft sowohl Fragen der Interpunktion und Orthografie als auch des Layouts. Diese Darstellung des Textes zeigt sich natürlich nur den Spieler:innen, auf der Bühne ist sie selbstredend unsichtbar. Vielleicht stellt sie eine Art stummen Dialog zwischen Autor:in und Spieler:innen dar. Die gewohnten Regeln von Rechtschreibung und Zeichensetzung sind in meinen Stücktexten dabei weitgehend außer Kraft gesetzt. Sie folgen vielmehr rhythmischen Gesichtspunkten. Der hier abgedruckte Monolog CLARAs ist zudem als einziger Text des Stückes an den rechten Seitenrand gerückt. Diese Bewegung geschieht unvermittelt. Schon auf den ersten Blick zeigt sich der Text von anderer Art. Die Zeilenumbrüche zerteilen die Worte. Der hier sprechende Körper befindet sich in einem katastrophischen Extremzustand. Der Atem reicht manchmal nur für die Artikulation einzelner Worte oder gar nur mehr Silben, für das tonlose Verstreichen der Zeit, Zeile für Zeile, bis das Ende kommt.

Daniel Kazmaier

BERÜHRUNG AUF DISTANZ
Überlegungen zu Ewald Palmetshofer und Jean-Luc Nancy

Poetikvorlesungen sind eine zwiespältige Angelegenheit.[1] Vor allem dann, wenn es um Dramatik gehen soll. Da soll jemand darüber schreiben und berichten, wie er oder sie schreibt, um Handeln zu evozieren. Dramatik heißt ja dem Wortsinn nach einfach Handlung. Das bedeutet also, dass man Handlung behandeln soll. Berichten und Zeugnis ablegen sind zudem immer heikle Unterfangen und prekäre Situationen. Es sind (Ausnahme)Situationen, zu denen Poetikvorlesungen hinzuzurechnen sind, in denen es um Glaubwürdigkeit, um Überprüfbarkeit, kurz um Wahrheitszustände geht. Die Linguistik bezeichnet dies als den propositionalen Gehalt einer Aussage. Zugleich ist eine Poetikvorlesung eine Ausnahme*sprech*situation, die den pragmatischen Ort des dramatischen Sprechens zugleich teilt, wie sie ihn distanziert beschreiben soll.

Ewald Palmetshofer stellt in seinen Vorlesungen den Körper und das Schreiben in den Mittelpunkt seiner Überlegungen und zielt damit auch ins Zentrum dessen, was Poetikvorlesungen leisten, nämlich eine »Reflexion über die ästhetischen, gesellschaftlichen, politischen und ökonomischen Bedingungen literarischen Schreibens in der Gegenwart«[2]. Bevor er mit dem wirklichen Erklären beginnt, beschreibt er in seinem Vorwort der Vorlesungen, die drei Vorträge an drei verschiedenen Abenden umfassen, die Bedingungen, die diese Vorlesungen rahmen. Obwohl sie lediglich die mediale Form betreffen, teilen sie schon Wesentliches mit und zielen ins Herz dessen, was Palmetshofer mit seiner Poetik vermitteln will.

Zuerst thematisiert er die Vorlesungsform als mündliche Vortragsform, der sich sein Text widmet. Aus einem mündlichen Vortrag über das Schreiben für das Sprechen im Theater soll ein schriftlich fixierter Text werden, der die doppelte Mündlichkeit der Situation – Theatersprechen und Vortragsprechen – unmittelbar fassbar machen soll:

> »Auf den folgenden Seiten finden Sie die gedruckte Version dreier Vorträge, die ich im Rahmen der Saarbrücker Poetikdozentur für Dramatik im Frühsommer 2022 gehalten habe. Der vorliegende Text gibt mein dafür erstelltes Vortrags- bzw. Lesemanuskript wieder und folgt daher einem durch und durch mündlichen Gestus. Ich habe mich entschlossen, diesen für die Buchform nicht zu tilgen. Im besten Fall mag es dem Text auch in seiner schriftlichen Form gelingen, die Tonlage und Farbe des Sprechens an diesen drei Abenden erlebbar zu machen. Als Leser:in sind Sie daher jedoch zu einer Übersetzungsarbeit eingeladen, damit der Text auch ohne vortragenden Körper zu Ihnen spricht.« (S. 7 in diesem Buch)

Mit dem ersten Satz weist Palmetshofer also auf den im gedruckten Text fehlenden sprechenden Körper hin, der die geteilte gemeinsame Präsenz vermitteln soll. Die Technik der Anrede überspielt die Verlegenheit der Situation, die aus dem Abstand zwischen Aufschreiben und Aufnehmen des Geschriebenen entsteht. Ein solcher Abstand ist natürlich konstitutiv für alle geschriebenen und gedruckten Texte, aber er wird bei Palmetshofer thematisch – und problematisch. Es ist die Ersetzung einer Anwesenheit. Den Ersetzungsgestus auf der Ebene des Vorlesungstextes führt Palmetshofer im darauffolgenden Satz gleich weiter, indem er eine zweite Ersetzungsleistung vorschlägt. Er bürdet die Arbeit der Vergegenwärtigung der lesenden Person auf.

> »Dieser Transfer könnte darin bestehen, Teile des Buches laut zu lesen. Oder aber es reicht vielleicht schon, sich diese drei Vorträge als Bühnenmonologe vorzustellen und sie als Leser:in so zu behandeln, wie Sie jeden anderen Stücktext behandeln würden, indem Sie die Buchstaben auf dem Papier in Ihrer Vorstellung um eine Art performativen Überschuss (ob klanglich, räumlich oder gestisch) ergänzen.« (7)

Entweder laut lesen, also das Geschriebene wieder in Laute übersetzen oder sich etwas vorstellen. Das Lesen des Textes, folgt man den gewissermaßen metatextuellen Anweisungen in Palmetshofers Text, deutet also eine mediale Transformation *in potentia* an. Der Auftrag an die Lesenden beschreibt damit einerseits eine Gegenwart, die immer dann zustande kommt, wenn jemand ein (dieses) Buch aufschlägt und liest und andererseits auch das Leistungsprofil des Schreibens. Denn dass sich jemand etwas vorstellen kann, kommt erst dadurch zustande, dass das Schreiben mit den schwarzen Buchstaben auf der weißen Seite dazu in der Lage ist, im Kopf Bilder zu beschwören oder hervorzurufen, die im Kopf der Lesenden auch die Körper der Ausführenden und Sprechenden mit entstehen lassen.

Mit diesem Auftakt ist der Boden bereitet für das Thema der Vorlesungen: der Erkundung einer Poetik des Körperschreibens für das Theater. Damit überlagern sich zwei Problematiken, die mit der Problematik des Beginnens im Vorwort schon skizziert sind. Erstens: Die Vorlesungen spielen das nach, was sie behandeln. Rechenschaft darüber abzulegen, was die Gegenwart des *Schreibens* für eine spätere Gegenwart des *Sprechens* bedeutet, in der Körper sich aussprechen und andere anwesende Körper in unmittelbarer Seh- und Hörweite diesem Vorgang beiwohnen. Zweitens: In genau dieses Problem hinein platziert Palmetshofer das auf die Schriftlichkeit bezogene Konzept der Intertextualität.

> »Ein Text steht immer in einem Kräftefeld und Netzwerk Einfluss ausübender anderer Texte. So auch dieser. Für die Buchfassung habe ich versucht, diese Verbindungen in Fußnoten deutlich sichtbar zu machen.« (8)

Das Kräftefeld (Mündlichkeit, Gegenwart) und das Netzwerk (Schriftlichkeit, intertextueller Anspielungsraum), sind die beiden Begriffe, die der Text Palmetshofers hier anführt, um die Problematik zu umreißen, die durch den Anspruch den Körper zu schreiben aufgerufen wird. Diesen beiden Hinweisen geht dieser Essay etwas genauer nach.

Nun betitelt Palmetshofer seine Vorlesungen »Körper. Schreiben«. Das liest sich anders als es sich ausspricht, und hier erweist sich ein geschriebener Text dem gesprochenen Wort der Vorlesung gegenüber pragmatisch überlegen. Den Punkt kann man nämlich nicht hörbar machen, ohne ihn schon zu umschreiben bzw. ihn zu umsprechen. Denn was *Sie hier* lesen, das lesen Sie sehend und nicht hörend, während das Publikum der Vorlesungen Ewald Palmetshofer hörte. Das Vorlesen wird dadurch immer auch in der ursprünglichen Vorlesung zum *Ver*lesen.

Mit dieser Schwierigkeit, die Palmetshofer immer wieder thematisiert, befindet man sich schon mitten in der Problematik, die er zur Grundlage seiner Poetik macht: das Bindeglied zwischen Körper und Schreiben nachvollziehbar zu machen. Diese Schwierigkeit, die Palmetshofer für die Theaterpraxis schreibend umkreist, hat ihr theoretisches Pendant in der Philosophie Jean-Luc Nancys, auf die Ewald Palmetshofer in seinen Saarbrücker Poetikvorlesungen entsprechend ja auch ausdrücklich verweist (16, 43).

Im Folgenden möchte ich zwei Gedanken von Jean-Luc Nancy vorstellen, die dem Schreiben übers Schreiben für das Theater, für eine dramatische Praxis, wie sie Palmetshofer vorschwebt und die er in seinen Vorlesungen skizziert, Pate steht.

Jean-Luc Nancy veröffentlicht im Jahr 2000 einen Text, der schlicht *Corpus* heißt. Dieser Text wird 2003 ins Deutsche übersetzt und gilt als ein Hauptwerk des französischen Philosophen, der im Umfeld der dekonstruktivistischen Philosophie zu verorten ist. Nancy nimmt die Formel *Hoc est enim corpus meum* (wörtlich: denn dies ist mein Leib) aus der katholischen Liturgie zum Ausgangspunkt seiner Überlegungen. Im Rahmen der katholischen Messe sorgt dieser Sprechakt nach katholischer Theologie dafür, dass der Leib Gottes anwesend ist und zwar »*als sein Leib*«,[3] wie Nancy betont. Dieser millionenfach wiederholte Sprechakt soll die Gewissheit der Gegenwart bzw. der Anwesenheit herstellen. Aber was sich in der theatralen Wiederholung dieses Sprechakts mehr noch artikuliert als die Herstellung der Gewissheit, ist der Wunsch[4], eine solche Gewissheit zu besitzen. Und der muss immer scheitern, so Nancys Diagnose: »Körper ist die verunsicherte, zerborstene Gewißheit«.[5] Letztlich bleibt immer eine Restverunsicherung zurück, denn einen archimedischen Punkt der Selbstbegründung kann ein Denken, das auf einem Zugang zur Welt über den Körper beruht, nicht liefern. Diese Restverunsicherung, die selbst in der Handlung der Wandlung steckt, macht Nancy unausgesprochen zu einer Art anthropologischer Konstante. Vor dem Hintergrund und der Tradition der Phänomenologie schreibt Nancy also eine Philosophie des Körpers, der er genau diesen Grad an (Selbst)Ungewissheit einschreibt, der sich im Wiederholungszwang des Sprechakts der Wandlung, der Transsubstantiation artikuliert. Diese Lücke bzw. Distanz macht für Nancy das Selbstverhältnis des Menschen aus.

> »Die Körper sind zuerst und immer andere – so, wie die anderen zuerst und immer Körper sind. Ich werde meinen Körper nie kennen, ich werde mich niemals *genau dort* kennen, wo ›corpus ego‹ eine vorbehaltlose Gewißheit ist. Die anderen hingegen werde ich immer als Körper kennen. *Ein Anderer ist ein Körper*, weil nur *ein Körper ein Anderer ist.*«[6]

Ausgehend vom Körperverhältnis definiert Nancy das Selbstverhältnis des Menschen als Verhältnis zu einer Anderen/zu einem Anderen. Während die idealistische Philosophie sich als Ziel gesetzt hatte, Erkenntnis, Selbstbewusstsein und Weltverhältnis aus dem erkennenden Ich zu begründen, geht Nancy einen anderen Weg: Nur vom Selbstverhältnis einer körperlichen Weltbezogenheit, die unhintergehbar ist, ergibt sich die Möglichkeit, vom Ich oder vom Ego zu sprechen: Der Körper ist für den Einzelnen immer sekundär, weil die Erfahrung über ihn und mit ihm immer gebrochen und vermittelt ist. Das meint »ich werde mich niemals *genau dort* kennen, wo ›corpus ego‹ eine vorbehaltlose Gewißheit ist«.[7] Erstens ist Selbstbewusstsein und -erkenntnis damit körperlos. Zweitens braucht es für den Weltbezug diesen Körper. Drittens ›bekommt‹ Ich diesen nur am und durch den bzw. die Anderen. Diese Konstitutionsbedingung, die eben unhintergehbar ist, bleibt prekär, weil sie an der Elle *des Anderen* gemessen wird und eigene Maßstäbe daran nichts ausrichten können. Dies führt Nancy zu dem aphoristischen Chiasmus, dass *ein Anderer ein Körper* ist, weil *ein Körper ein Anderer* ist.

Dass der Körper dem Menschen den Zugang zu seiner Umwelt gewährt und diese Umwelt gleichzeitig erst konstituiert, wird in der philosophischen Phänomenologie unter dem Stichwort der Leiblichkeit diskutiert. Eine der Urszenen für dieses Weltverhältnis findet sich in den *Pensées* von Blaise Pascal, von dem Nancy viel lernt.

> »Was ist das Ich?
> Ein Mensch, der sich ans Fenster stellt, um die Vorübergehenden zu sehen: Wenn ich da vorübergehe, kann ich dann sagen, dass er sich da hingestellt hat, um mich zu sehen? Nein, denn er denkt nicht an mich im Besonderen. Derjenige aber, der eine Person aufgrund ihrer Schönheit liebt, liebt er sie? Nein, denn die Pocken, die die Schönheit töten, ohne die Person zu töten, werden bewirken, dass er sie nicht mehr liebt.
> Und wenn man mich wegen meines Urteils, wegen meines Gedächtnisses liebt, liebt man dann mich, mein Ich? Nein, denn ich kann diese Eigenschaften verlieren, ohne mich, mein Ich, zu verlieren. Wo also ist dieses Ich, wenn es weder im Körper noch in der Seele ist? Und wie den Körper oder die Seele lieben, wenn nicht für seine Eigenschaften, die in keinem Punkt das sind, was das Ich ausmacht, da sie ja vergänglich sind? Denn würde man die seelische Substanz einer Person auf abstrakte Weise lieben, welche Eigenschaften auch immer da wären? Das kann nicht sein und wäre ungerecht. Man liebt also nie eine Person, sondern nur Eigenschaften.
> Man mache sich also nicht mehr über jene lustig, die sich der Aufgaben und Ämter wegen ehren lassen! Denn man liebt eine Person nur für geliehene Eigenschaften.«[8]

Pascal klammert die Abstraktion ein. Jegliches Selbstverhältnis ist nur geliehen und verliehen, weil es sich nicht aus dem Subjekt selbst heraus begründen lässt, sondern eine Instanz des Anderen voraussetzt. Die erkenntnistheoretische Konsequenz aus diesem proto-phänomenologischen Weltzugang ist Ungewissheit. Diese kennzeichnet den Grundzustand des Menschen.

> »Ich weiß nicht, wer mich in die Welt gesetzt hat, noch, was die Welt ist, noch, was ich selbst bin; ich bin schrecklich unwissend

> in allen Dingen; ich weiß nicht, was *mein Körper*, meine Sinne, meine Seele und selbst jener Teil meines Ich sind, der denkt, was ich sage, der über alles und über sich selbst nachdenkt und sich nicht mehr als das Übrige erkennt. [...] So ist meine Lage: voller Schwäche und Ungewissheit.«[9]

Blaise Pascal schreibt fast zeitgleich zu René Descartes' Selbstbegründung der neuzeitlichen Philosophie durch das denkende Ich, nur ist Pascal weitaus skeptischer als Descartes. Wo ist das Ich und was ist seine Leistungsfähigkeit? Pascal gesteht dem Ich bzw. dem menschlichen Subjekt zwar ebenfalls eine Selbstbegründungsfähigkeit zu, aber er ist dem Ergebnis des Denkens gegenüber viel bescheidener. Über das Denken als Quelle der menschlichen Selbstbegründung und -verständigung sind sie sich einig, Pascal aber traut der Ergebnisfähigkeit des Denkens weitaus weniger zu als Descartes.

Genau diese Abwendung von der Selbstgewissheit des Denkergebnisses und der Hinwendung bzw. der Analyse zum Vollzug des Denkens unter Einbeziehung seiner immer hinfälligen Umstände und körperlichen Zustände, also seiner Bedingtheiten, haben Blaise Pascal eine Renaissance im philosophischen Denken der zweiten Hälfte des 20. Jahrhunderts beschert, auf der Jean-Luc Nancy immer wieder aufbaut.

Die von Schwäche und Ungewissheit geprägte Lage des Menschen wird so zum Ausgangspunkt für die theoretischen Begründungen von Gemeinschaft, die bei Nancy die Konfliktlinie Liberalismus/Kommunitarismus unterlaufen. Weil sowohl Liberalismus als auch Kommunitarismus von einem »identitätslogischen Konzept der Gemeinschaft«[10] ausgehen, also von einem wie auch immer verstandenen ›Eigenen‹ als Basis für die Konzeption von Gemeinschaft, setzt das Politische oder das Gemeinschaftliche, so wie es die dekonstruktiven Denker verstehen, jenseits dieser Konfliktlinie an. Sie entgehen damit der Falle, die in vielen aktuellen politischen Diskursen und Entwicklungen zugeschnappt ist. Nämlich den von Johannes Birgfeld in seinem Nachwort beschriebenen Tendenzen nachzugeben, das ›Eigene‹ zu verabsolutierten und zum Ausgangspunkt für politisches Handeln zu verklären, das seine Nähe zu Totalitarismus und Revisionismus nur zu offen zur Schau stellt.

Palmetshofers Überlegungen weisen hingegen einen Weg aus dieser Falle. Am Leitfaden des Körpers, den Palmetshofer mit nicht geringem argumentativem Aufwand in seinen Vorlesungen von den quasi automatischen Zuschreibungen und politischen Aufladungen freizusprechen sucht und als »leibliche Verfasstheit menschlicher Wesen in ihrer Verletzlichkeit« (99) versteht, führen seine Überlegungen weg von den fatalen Konzeptionen des Eigenen. Er versteht ihn als Aufgabe des Nachdenkens über Sprechen und Schreiben. In diesem Sinne lässt sich Theater als Verhandlungsort von prekären Selbst- und Fremdverhältnissen deuten, die mit der Frage nach der Gemeinschaft auf dem Spiel stehen. Schreiben für das Theater schließt bei Palmetshofer damit allgemein an ein solches Nachdenken über Gemeinschaft an und bezieht sich konkret auf Jean-Luc Nancy:

> »In einer Fußnote habe ich es schon angemerkt – ich habe mir hier etwas ausgeliehen, bei Jean-Luc Nancy, dem kürzlich verstorbenen französischen Philosophen, nämlich dass Sein Mit-Sein ist, Präsenz immer Ko-Präsenz und Sinn in dessen Mit-Teilung MIT anderen besteht. Bedeutung oder Sinn also, der sich dort (am Theater) vielleicht ereignet: in der Arbeit zu sprechen, zu übersetzen und zu deuten, vorübergehend, unabschließbar und offen, in dieser körperlichen Vermittlung, in gesprochener, verkörperter Sprache.« (43)

Palmetshofer nimmt hier Bezug auf einen Text Jean-Luc Nancys mit dem Titel *singulär plural sein*, der genau diese Konfliktlinie, an der um Gemeinschaft gestritten wird, im Visier hat, um sie auszuhebeln. Dieser Text (im französischen Original *être singulier pluriel*) ist 1996 zum ersten Mal erschienen und vertieft das Nachdenken des Philosophen über das Problem der Gemeinschaft, das er schon 1986 mit seinem Text *La communauté désœuvrée* (erst 2018 als *Von einer Gemeinschaft, die sich nicht verwirklicht* ins Deutsche übersetzt) begonnen hat und eben über *singulär plural sein* bis zu *Die herausgeforderte Gemeinschaft* 2001 (im französischen Original *La communauté affrontée,* deutsche Erstveröffentlichung 2007) und schließlich zu *La communauté désavouée* 2014 weiterspinnt.[11] Die Frage nach der Gemeinschaft bildet also ein Grundmotiv im Denken von Jean-Luc Nancy, und das Nachdenken über Singularität ebenso wie das Nachdenken über Körper spielen in diese Überlegungen mit hinein.

Im Text *singulär plural sein*, auf den Palmetshofer mit der Großschreibung von MIT anspielt, entwickelt Nancy diesen Gedanken, der das Sein von der Präposition ›mit‹ her versteht. Nancy schließt hier an Gedanken Heideggers zum Mitsein in *Sein und Zeit* an, geht aber weit über dessen Analyse hinaus.[12] Demgegenüber fokussiert Nancy statt des Seins das Mit. »Keiner hat jedoch das Mit radikal als den wesentlichen Zug des Seins und als dessen eigenes singulär plurales Wesen thematisiert.«[13]

Dies ist der Auftrag, den sich Nancy gibt. Diesen einzulösen verspricht er in der seltsamen Formel des »singulär plural seins«. In der Sprache der Ontologie, die sich darum bemüht zu erfassen, was ist, was wesentlich ist, stellt Nancy die Präposition *Mit* in den Mittelpunkt. In seiner grammatischen Form und Funktion geht dieses *Mit* damit dem Eigentlichen, nämlich der Position, voraus. Indem Nancy so die Grammatik vor den Karren der Ontologie spannt, dreht er die Begründungsverhältnisse um und versetzt das Sein weg von einem festen archimedischen Punkt.

> »*Singulär plurales Sein* heißt: Das Wesen des Seins ist, und ist nur, als Mit-Wesen [*co-essence*]. Aber ein Mit-Wesen oder *Mit-Sein* – das Sein-mit-mehreren – bezeichnet seinerseits das Wesen des Mit-, oder auch, oder vielmehr, das *Mit-* (das *cum*) selbst in der Position oder Art des Wesens.«[14]

Das Theater ist der Ort, an dem ein so emphatisch verstandenes Sein sich ereignen kann, weil es eben ein, man erlaube mir den Neologismus, Mit-Ort ist. »Bedeutung oder Sinn also, der sich dort (am Theater) vielleicht ereignet«, schreibt Palmetshofer. Theater ist als Mit-Ort ein Schauplatz für eine solche Wirklichkeit des »Mit-Seins« und der »Ko-Präsenz«. Palmetshofers Formulierung, dass sich »dort« im Gegensatz zum »hier« Nancys aus dem Text *Corpus* etwas ereignet, macht einerseits auf die Differenz aufmerksam, die die Texte jeweils verkörpern. Dort ein Text, der in einer doppelten medialen Brechung *über* etwas schreibt (Palmetshofer), hier ein Text, der *sich* selbst schreibt (Nancy). Der Abstand, den das Genre Poetikvorlesung zu seinem Gegenstand einnimmt, erlaubt es erst auszumachen, worin die Gelingensbedingungen der dramatischen Poetik Palmetshofers bestehen. Sprechen, Übersetzen und Deuten finden dort (am Theater) in körperlicher Vermittlung statt.

Palmetshofer klagt also etwas ein, was in anderen Formen des Nachdenkens über Gemeinschaft (Nancy vielleicht ausgenommen) nicht adäquat mitbedacht wurde und was sich in dieser Kopplung nur im Theater abspielen und ereignen kann: nämlich das Projekt, dem Palmetshofer seinen konzisen Titel gibt: *Körper. Schreiben.*

Unter der Kapitelüberschrift »Corpus: ein neuer Aufbruch«[15] formuliert Nancy einen quasi schicksalhaften Zusammenhang zwischen

Ich und Du über eine Kommunikationsszene zwischen Schreiben und Lesen. Es geht darin nicht um eine wie auch immer geartete Mitteilung, sondern um den physischen Kontakt zwischen Schreibenden und Lesenden. »*Hier* gibt es so etwas wie ein Versprechen, daß es *sich* um den Körper *handeln* soll, daß es sich um den Körper handeln *wird*, da, fast ohne Verzögerung.«[16]

Mit der Betonung auf das räumliche Adverb »hier«, das Nancy kursiv setzt, bewegt sich der Text weg von einer philosophischen Abhandlung, deren Sprache Gegenstände und Sachverhalte darstellt und abwägt, hin zu einer literarischen Schreibweise, die sich auf das eigene Tun mitbezieht. Am Gegenstand des Körpers, der immer realweltliches und unhintergehbares Element der Erfahrung ist und gleichzeitig Textkörper, versucht Nancy eine Austauschbeziehung zu installieren. Dabei ist er sich des Vorgangs stets bewusst, der das eine (leiblicher Körper) für das andere (Text[e]) nimmt. In dieser immer vom einen ins Andere kippenden Bewegung findet Berühren statt.

> »Ob wir es wollen oder nicht, auf dieser Seite berühren sich Körper, oder sie ist selbst Anrühren (meiner Hand, die schreibt, Ihrer, die dieses Buch in Händen hält). Dieses Berühren ist unendlich umgeleitet, aufgeschoben – Maschinen, Transporte, Fotokopien, Augen und wieder andere Hände haben sich dazwischen gestellt –, doch sie bleibt der winzige, beharrliche, hauchdünne Kern, das winzige Staubkorn eines allenthalben unterbrochenen und doch allenthalben fortgeführten Kontakts.«[17]

Nancy evoziert hier eine Berührungsfigur, die aus der Buchseite im Moment des Lesens eine Verlängerung des menschlichen Körpers macht. Indem er eine Produktionskette imaginiert, die ihren Ursprung oder besser ihre Urszene in der schreibenden Hand hat, legt er einen extremen zeitlichen Abstand auf eine räumliche Nähe um.

Nancy inszeniert also eine Berührung auf Distanz. Diese Berührung auf Distanz stellt einerseits den Menschen in seiner Ganzheit her und instituiert gleichzeitig eine Szene, auf der Gemeinschaft hergestellt werden kann: Diese Szene ist für Palmetshofer *Körper. Schreiben.* innerhalb des Settings Theater. Was Nancy im ›Bild‹ des Schreibens transportiert, evoziert Palmetshofer in der Evokation des Sprechens.

> »Sprache ist Berührung (oder eben Affizierung) der Körper über die Entfernung. Und vielleicht merken Sie schon: Ich versuche hier Sprachhandeln, Sprache als Akt oder einfach den Sprechakt, den Akt oder die Arbeit des Sprechens durch die Brille des Affekt-Begriffs zu lesen. Wenn ich für Körper schreibe, bedeutet das, für sprechhandelnde Körper zu schreiben.« (29–30)

Was für Nancy das ewig umgeleitete Berühren ist, das sich notwendigerweise im Lesen des Buches *Corpus* realisiert, ist für Palmetshofer ein riskanteres Unterfangen. Das Schreiben für einen sprechenden Körper bedeutet schließlich ein Verfahren, das Verschriftlichtes in mündliche Performanz übersetzt. Im Gegensatz zu Nancy, bei dem sich der Körper auf die schreibende Hand reduziert, kommt der Körper bei Palmetshofer als Ganzes, als Aus- und Aufführungsorgan ins Spiel. Zusätzlich spielt der Körper als Rezeptionsorgan eine entscheidende Rolle, weil sich im Sprechhandeln erst zwei Körper begegnen. Beruht das Kommunikationssystem Berühren bei Nancy auf der letztendlichen Schriftlichkeit des Mediums, so beruht das Kommunikationssystem Berühren Palmetshofers »(oder eben Affizierung)«, wie er völlig konsequent dazu setzt, auf der medialen Form der Mündlichkeit, die einen Ort der räumlichen Ko-Präsenz voraussetzt. Nancy konnte in den selbstreflexiven Wendungen seines Textes diese raumzeitliche Ko-Präsenz über das Medium der Schriftlichkeit aushebeln.

Dennoch führt auch Palmetshofer das Problem, das er mit seinem Titel *Körper. Schreiben.* einhegt, auf eine materiale Szene zurück.

> »Diese Frage, das Kritische des Moments, in dem das Sprechen überhaupt erst erscheint, aktiv in Erscheinung gebracht werden muss von Spieler:innen auf der Bühne, steht am Beginn jedes dramatischen Textes. Es ist das weiße Feld vom oberen Rand eines DIN-A4-Blattes hinab bis zum ersten Buchstaben im Text, zur ersten Replik einer sprechenden Person. Auf dieser leeren Fläche irgendwo findet er statt, dieser Akt, DASS Sprechen erscheint, dass jemand spricht und nicht vielmehr nicht. Und dass hier etwas anfängt.« (68)

Die Anordnung von Blatt und Schrift, die in diesem Zitat als vorausgesetzt evoziert wird, muss erst hervorgebracht werden, damit »Körper. Schreiben.« stattfinden kann. Das emphatische DASS des Sprechens verdankt sich einer schriftlichen Anordnung, die Palmetshofer mit dem Label »dramatischer Text« belegt. Sprechen ist immer Nachsprechen, konzeptionell aber vor dem Schreiben verortet. Oder: Zeitlich nach dem Schreiben räumlich vor der Schrift sind der Punkt und der Körper, die das Sprechen instituieren.

Dieses Ineinander von Schreiben und Sprechen in Bezug auf Körper möchte ich zuletzt noch an einem kurzen Beispiel aus Palmetshofers theatraler Textpraxis deutlich machen. Es ist die *dramatis-personae*-Seite aus seinem Stück *faust hat hunger und verschluckt sich an einer grete*. Einerseits spielt bereits der Titel wortspielerisch an die Frage des Sprechens und seiner physiologischen Grundlagen und Bedingungen an. Wenn Faust sich verschluckt, kann er nicht sprechen. Wenn er Grete verschluckt, dann spricht er als Bauchredner Gretes Sprache. Grete ist aber nur generisch als eine Grete im Titel genannt. Ihre Doppelidentität als Fischknochen und Platzhalterin für alle Frauen macht deutlich, dass sich im Einverleiben und des/der Anderen immer etwas sperrt. Dergestalt will die *dramatis-personae*-Seite des Stücks jedoch auch nicht verstanden werden. Ein Peritext, der unter der Liste der *dramatis personae* steht, macht die Logik deutlich, nach der Faust und Grete ihr Sein bekommen sollen.

> »›Faust‹ und ›Grete‹ fehlen in der oben stehenden Liste. Sie werden von den sechs anwesenden Figuren nachgespielt. Die durchgestrichenen Personennamen im Text markieren dementsprechend, dass die jeweils durchgestrichene Figur ›Faust‹ bzw. ›Grete‹ ~~ist~~. Ihre wahren Namen kennt man nicht.«[18]

Faust und Grete gibt es also nur im Mitsein der Körper und der Sprechwerkzeuge der anderen Figuren.

Es ist eben nicht die Identität der Figur, die ausschlaggebend ist, sondern die Sprache, denn Grete und Faust werden von den anderen Figuren mit-gesprochen. Die Figuren Faust und Grete werden ja überhaupt nicht erwähnt beziehungsweise gelistet. Sie artikulieren sich durch die anderen Figuren in dem Maß, wie sie durchgestrichen werden. Das Stück kann seinen Titel nur dann erfüllen, indem es die Identität von Figuren durchstreicht und als Gemeinschaft von Körpern realisiert wird.

Anmerkungen

1 Vgl. Zur Poetik der Poetikvorlesungen Johanna Bohley/Gundela Hachmann/Julia Schöll (Hg.): *Handbuch Poetikvorlesungen. Geschichte – Praktiken – Poetiken.* Berlin/Boston: de Gruyter 2022. Siehe darin (S. 279–295) speziell zu Poetikvorlesungen über Dramatik: Johannes Birgfeld: »Poetiken des Dramas«.

2 Johanna Bohley/Gundela Hachmann/Julia Schöll: »Einleitung«. In: Bohley/Hachmann/Schöll (Hg.): *Handbuch* (2022), S. IX.

3 Jean-Luc Nancy: *Corpus.* Aus dem Französischen v. Nils Hodyas und Timo Obergöker. 2. Aufl., Zürich/Berlin: diaphanes 2007, S. 9.

4 Nancy spricht gar von einer Besessenheit (vgl. ebd.).

5 Ebd., S. 10.

6 Ebd., S. 30.

7 Ebd., S. 30.

8 Blaise Pascal: *Pensées/Gedanken.* Ediert u. kommentiert v. Philipp Sellier. Aus dem Französischen v. Sylvia Schiewe. Darmstadt: WBG 2016, S. 277, Sel 688, Laf 688: »Qu'est-ce que le moi ? Un homme qui se met à la fenêtre pour voir les passants, si je passe par là, puis-je dire qu'il s'est mis là pour me voir ? Non, car il ne pense pas à moi en particulier. Mais celui qui aime quelqu'un à cause de sa beauté, l'aime-t-il ? Non, car la petite vérole, qui tuera la beauté sans tuer la personne, fera qu'il ne l'aimera plus. Et si on m'aime pour mon jugement, pour ma mémoire, m'aime-t-on moi ? Non, car je puis perdre ces qualités sans me perdre moi. Où est donc ce moi s'il n'est ni dans le corps ni dans l'âme ? Et comment aimer le corps ou l'âme sinon pour ses qualités, qui ne sont point ce qui fait le moi puisqu'elles sont périssables ? Car aimerait-on la substance de l'âme d'une personne abstraitement et quelques qualités qui y fussent ? Cela ne se peut et serait injuste. On n'aime donc jamais personne mais seulement des qualités. Qu'on ne se moque donc plus de ceux qui se font honorer pour des charges et des offices, car on n'aime personne que pour des qualités empruntées.«

9 Ebd., S. 53, Sel 1, Laf 427 (meine Hervorhebung DK). Übersetzung leicht angepasst an Blaise Pascal: *Gedanken über die Religion und einige ande-*

re Themen. Hg. v. Jean-Robert Armogathe. Aus dem Französischen v. Ulrich Kunzmann. Stuttgart: Reclam 1997, S. 237 f.: »Je ne sais qui m'a mis au monde, ni ce que c'est que le monde, ni que moi-même. Je suis dans une ignorance terrible de toutes choses. Je ne sais ce que c'est que mon corps, que mes sens, que mon âme et cette partie même de moi qui pense ce que je dis, qui fait réflexion sur tout et sur elle-même, et ne se connaît non plus que le reste. [...] Voilà mon état, plein de faiblesse et d'incertitude.«

10 Lars Gertenbach/Henning Laux/Hartmut Rosa/David Strecker: *Theorien der Gemeinschaft – zur Einführung.* Hamburg: Junius 2010, S. 160.

11 Vgl. dazu Thomas Bedorf: »Jean-Luc Nancy: Das Politische zwischen Gesellschaft und Gemeinschaft«. In: Ulrich Bröckling/Robert Feustel (Hg.): *Das Politische denken. Zeitgenössische Positionen.* Bielefeld: transcript 2012, S. 145–158.

12 Heidegger benutzte das Mitsein als ein Instrument, um seinen zentralen Begriff des Daseins auszubuchstabieren. Dieses Dasein konturiert Heidegger als zentralen Begriff seiner phänomenologischen Analyse der Fundamentalontologie.

13 Jean-Luc Nancy: *singulär plural sein.* Aus dem Französischen v. Ulrich Müller-Schöll. Zürich/Berlin: diaphanes 2004, S. 64.

14 Ebd., S. 59.

15 Nancy: *Corpus* (2007), S. 47.

16 Ebd.

17 Ebd., S. 47 f.

18 Ewald Palmetshofer: *faust hat hunger und verschluckt sich an einer grete. Dramen.* Mit einem Nachwort v. Andreas Beck. Hg. v. Friederike Emmerling u. Stefanie von Lieven. Frankfurt a. M.: S. Fischer Verlag 2015, S. 138.

Nachwort von Johannes Birgfeld

»UNVERFÜGBARES IM DAZWISCHEN«

Theater als Begegnung von Körpern, als Beharren auf der Möglichkeit der Kommunikation, als Kathedrale der Verletzlichkeit, oder: Ewald Palmetshofers Neudenken der theatralen Kommunikation

1. Heute. Rasender Stillstand. Am Abgrund?

Das gegenwärtige Leben im mittleren und westlichen Europa ist von einer fundamentalen Ambivalenz bestimmt: Materiellem Überfluss auf einem zuvor nicht erreichten Stand des technologisch Möglichen und Verfügbaren stehen die Klimaerwärmung und der rasante Rückgang der Biodiversität auf dem Planeten gegenüber, die die denkbar schwerste Krise und Gefahr für die Zukunft der Menschheit und konkret für ein friedliches Zusammenleben in globaler Perspektive bedeuten. Zu dem aus diesen Umständen gebotenen Innehalten, zu der unverzichtbaren Neuordnung der Prioritäten, zu einer Systemkorrektur aber zeigen sich die meisten Gesellschaften nicht bereit.

Ein Grund dieser Unfähigkeit liegt womöglich in einer häufig behaupteten Unwilligkeit, Komplexität auszuhalten, vielleicht aber auch in der zunehmenden Tendenz, eigene Bedürfnisse und scheinbare Kränkungen überproportioniert zu gewichten. Immer öfter wird Politik nicht als Ringen um gemeinschaftliche Problemlösung verstanden. In wachsendem Maß wird erwogen, Macht jenen geben zu wollen, die offen bekunden, dass sie sie totalitär verwenden und nicht mehr abgeben oder teilen wollen. Schon wird erneut von

›Völkern‹ und ›Nationen‹ gesprochen, als habe es so etwas überhaupt je gegeben – und nicht niemals. Wir befinden uns in gewisser Weise, um eine Metapher Paul Virilios variierend zu zitieren, *in einem rasenden Stillstand*,[1] in einer Gesellschaft, die »Zeit und Raum hochtechnologisch beherrscht, aber damit an der Auslöschung ihrer selbst arbeitet«,[2] und die angesichts der existentiellen Bedrohung der Zukunft politisch mit Stillstand, ja mit Rückschritt reagiert, mit politischen Bewegungen der Menschenverachtung, des Rassismus, der Ausgrenzung, der Entwürdigung, Entrechtung, Diskriminierung, Beleidigung, Maßregelung – mit Eroberungskriegen, Terror und Vergeltung. Wie, so lautet eine der dringlichsten Fragen heute, ist all dem beizukommen?

2. Ewald Palmetshofer

1978 wurde Ewald Palmetshofer in Linz geboren. Er stammt, wie er es selbst beschreibt, »aus einer Arbeiterfamilie vom Land«.[3] Früh hat er angefangen zu schreiben, erst Prosa, dann für die Bühne. Er hat in Wien studiert: nicht Germanistik oder Theaterwissenschaft – denn ihm schien, ihm fehle wichtiges »Handwerkszeug, um Themen zu greifen«.[4] Dies suchte Palmetshofer im Lehramtsstudium der Theologie und Philosophie. In diesen Fächern »geht« es schließlich um »zentrale Themen«,[5] sie sollten »theoretische[s] Rüstzeug liefern«.[6]

Erste dramatische Texte Palmetshofers entstanden um 2005. Im November 2007 wurde mit *hamlet ist tot. keine schwerkraft* erstmals eines seiner Stücke aufgeführt, vierzehn weitere folgten bis heute[7] – und sie haben ihren Autor als einen der wichtigsten Dramatiker der Gegenwart in deutscher Sprache erwiesen. Zugleich arbeitet Ewald Palmetshofer als Dramaturg am Theater, erstmals in der Saison

2007/08 als Gastdramaturg (und Hausautor) am Schauspielhaus Wien unter der künstlerischen Leitung von Andreas Beck, später am Nationaltheater Mannheim, am Theater Basel und seit der Spielzeit 2019/20 am Residenztheater München.

Vielzählig sind die Preise, mit denen Palmetshofers Werk ausgezeichnet wurde: Schon 2005 erhielt er den Retzhofer Literaturpreis für junges Drama für *sauschneidn. ein mütterspiel.* Er wurde 2007 nach New York zum hotINK International Play Reading Festival eingeladen und 2008 in der Kritikerumfrage von *Theater heute* zum Nachwuchsautor 2008 gewählt, mit dem Dramatikerpreis des Kulturkreises der deutschen Wirtschaft geehrt, für den Nestroy-Theaterpreis als bester Nachwuchsautor vorgeschlagen, zu den Mülheimer Theatertagen eingeladen (mit *hamlet ist tot. keine schwerkraft*) und für die International Residency of Playwrights am Royal Court Theatre in London ausgewählt. Noch vier weitere Male, 2010 (mit *faust hat hunger und verschluckt sich an einer grete*), 2015 (mit *die unverheiratete*), 2018 (mit *Vor Sonnenaufgang*) und 2020 (mit *Die Verlorenen*), war Palmetshofer Gast der Mülheimer Theatertage. 2015 erhielt *die unverheiratete* zudem den Mülheimer Dramatikerpreis. Dazu kamen unter anderem die Einladung der Uraufführungsinszenierung von *die unverheiratete* durch Robert Borgmann zum Berliner Theatertreffen 2015, der Else-Lasker-Schüler-Dramatikerpreis 2018, der Gert-Jonke-Preis 2019 – und im Jahr 2020 die Wahl von *Die Verlorenen* in der Kritikerumfrage von *Theater heute* zum Stück des Jahres. Die hohe Anerkennung, die Palmetshofers Dramatik erfährt, lässt sich auch daran ablesen, dass er, wie etwa Simon Strauß betont hat, »neben Jelinek und Melle zu den wenigen zeitgenössischen Dramatikern [gehört], deren Stücke im Moment noch an verschiedenen Häusern nachgespielt werden«.[8]

3. Tendenzen der Rezeption von Palmetshofers Dramatik: Überschreibungen, Sprachkunst und unerhörter Schrecken

In Kritiken und Porträts dominieren drei Aspekte die Wahrnehmung des dramatischen Werks Ewald Palmetshofers. Der erste geht von dem unübersehbaren Umstand aus, dass Palmetshofer wiederholt in Titeln oder Untertiteln eine literarische Bezugnahme seiner Texte auf vorgängige Arbeiten anderer Autor:innen ausweist bzw. ausstellt: *hamlet ist tot. keine schwerkraft* verweist auf Shakespeare, *faust hat hunger und verschluckt sich an einer grete* auf Goethe, *räuber.schuldengenital* auf Schiller, *Edward II. Die Liebe bin ich* und *Vor Sonnenaufgang* sind im Untertitel je als Arbeiten »nach« Christopher Marlowe bzw. Gerhart Hauptmann markiert. Folglich wird Palmetshofers Theaterarbeit häufig mit dem Verfahren der dramatischen »Überschreibung«[9] assoziiert, obgleich der Autor darauf hingewiesen hat, dass sein Schreiben sich nur bedingt mit diesem Begriff erfassen lässt. Zu *räuber.schuldengenital* etwa gab er im Interview an:

> »Was mich interessierte, war das Motiv des Räubers, des Sich-Einverleibens, des Streunens. Als ich begann, an der Stückidee zu arbeiten, fanden die Aufstände in London statt. Man sah die Verzweiflung einer Generation, die sich nimmt, was ihr verwehrt wird, aber in diesem Nehmen innerhalb des Konsumismus bleibt. Von dem Bild der jungen, raubenden Horde kam ich zu Schiller. Sehr schnell aber hat sich diese Tür wieder geschlossen. Der Erbschaftsstreit trennt bei mir nicht die Brüder, sondern die Generationen. Schillers Text war nur ein Sprungbrett.«[10]

Entsprechend notierte auch 2019 Eva-Maria Magel über Palmetshofer:

> »[E]r selbst sucht nicht gezielt nach Stoffen der Theatergeschichte, die zu dem passen, was er erzählen will. Eher geschieht es beim Schreiben, dass er das Gefühl entwickelt, es gebe da doch einen uralten Namen, eine Figur, die das benennt, was er in seiner Sprache ausdrückt, beschreibt Palmetshofer den Vorgang. Das Zaudern seiner jungen Nichthelden erscheint etwa als etwas Hamlethaftes, die Not der Tochter in der *unverheirateten* als Elektra-Motiv.«[11]

Ein zweites, schon früh hervorgehobenes Element der Dramatik Ewald Palmetshofers ist die von ihm entwickelte Figurensprache: 2013 etwa hebt Petra Hallmayer im Gespräch mit Palmetshofer seine »aus Alltagsjargon-Fragmenten und Satzschleifen geschaffene Kunstsprache« hervor,[12] und Palmetshofer bestätigt ausdrücklich den großen Rang, den die sorgsame Komposition der Bühnensprache für seine Arbeiten hat:

> »In diesem Fall [= *räuber.schuldengenital*] habe ich sehr lange daran gearbeitet, eine Sprache zu finden, die der Struktur des Stückes folgt. Eine Sprache, die stark mit Nachträglichkeit umgeht. Das heißt, in der oft wie in einem Dreischritt der dritte Satz den ersten wendet. Die Figuren leiden nicht an Sprachlosigkeit. Es ist eher, als müssten sie das Handeln herbeisprechen. Sie tun sich im Sprechen Gewalt an, bis sie physisch ausbricht. Es gib einen Abstand, eine Fremdheit zwischen den Figuren und ihrem Sprechen.«[13]

Palmetshofers Arbeit an der Figurensprache vermag zu faszinieren – und auch zu irritieren. 2016 schrieb Matthias Bischoff:

> »*Die Unverheiratete* ist in gebundener Sprache geschrieben, mal meint man, die Akteurinnen deklamierten antike Hexameter, mal fühlt man sich in die deutsche Klassik versetzt. Palmetshofers Um-

> gang mit der Sprache ist irritierend und faszinierend, auf jeden Fall aber unverfroren eklektisch.«[14]

Dennoch herrscht weitgehender Konsens: Palmetshofer ist »bekannt für seine dichte, ungewöhnliche, auch poetische und drastische Sprache«,[15] seine Stücke gelten als »sprachlich hochkomplex, reich an fein gehäkelten Mythen und Metaphern«,[16] sie lebten von einem spezifischen »Sound«, »einer Mischung aus Künstlichkeit, Weglassungen und Pausen«.[17] Ihre Sprache zeichne »sich durch Konzentration und Ernsthaftigkeit aus. Was auf den ersten Blick wie zufällig aussieht, dass hier ein Satzstück hinterhergehechelt, dort ein Sprichwort umkreist und assoziativ ausgedeutet wird, folgt in Wahrheit einer fest rhythmisierten Ordnung«.[18]

Palmetshofer wurde gar, mit der ihm attestierten »uneigentlichen Diktion und herrlich verkünstelten Satzführung« zum ersehnten Vertreter einer offenbar schmerzlich vermissten »Sprachkunst für die große Bühne« erhoben, zur »Spitze des literarischen Theaters«, wie Simon Strauß 2019 mit Blick auf die Uraufführung von *Die Verlorenen* schreibt:

> »Wo auch immer [...] das Fehlen zeitgenössischer Dramatik beschworen, der Schwund dialogischer Texte von der Bühne beklagt wird, kann man nun froh entgegnen: [...] Schaut euch das neue Stück von Ewald Palmetshofer an. Und überlegt euch, ob ihr dann immer noch sagen wollt, es gebe heute keine Dramatiker mehr. Hier beweist einer das Gegenteil. Indem er für die große Bühne schreibt, fürs Ensemble, das damit lustvoll spielen kann vor einem Publikum, das die Erzählung schätzt und Sprachkunst auch in unseren fortgeschrittenen Theatertagen nicht für minderwertig hält.«[19]

Drittens schließlich gilt Palmetshofer als ein Bühnenautor, der seinen Figuren mit großem Ernst begegnet, fundamentale Fragen aufgreift, seine Stoffe aber nicht in der Geschichte oder der aktuellen Politik, sondern eher in Feldern abseits der großen Aufmerksamkeit findet. Seine Stücke spielen, so die Kritik, »irgendwo in der Provinz«,[20] zeigen eine »verbitterte Landpomeranze«,[21] bieten »[e]ine Alltagsszene«,[22] den »Entwurf eines gewöhnlichen Lebens, so wie es Millionen führen, ohne zu merken, wie viel Schaden sie dabei nehmen, wie ausweglos sie gerade verlorengehen«.[23] Palmetshofer bringe »die hoffnungslosen, heimatlosen Jungen unter sinn- und gottentleerten Himmeln«[24] auf die Bühne, seine Stücke finden, so Eva-Maria Magel, »Ausdruck für den Schmerz, die Widrigkeiten und Beschädigungen« des Lebens in den heutigen Verhältnissen.[25] Sie zeigten »das Auseinanderdriften der Gesellschaft«,[26] die »Familienkatastrophe«,[27] böten eine »Generationenabrechnung«[28] oder ein »Mittelstandsrequiem«.[29] Wie wirkmächtig Palmetshofers Dramatik dabei das aktuell Gesellschaftliche hin zu Fragen der Existenz, des Ortes des Einzelnen im (Da-)Sein ganz grundlegend überschreitet, zeigen beispielhaft Anmerkungen von Simon Strauß zu *Vor Sonnenaufgang*:

> »Der ungeheuerliche Schrecken, die Ungerechtigkeit, das blinde Leiden der Mutter, die ihr Kind tot empfängt, fahren einem in die Glieder. Da denkt man nicht mehr an Übertragungsfinessen, schwache Sprachgestaltung und neues Rollenspiel. Da hält man nur noch still und wartet, bis er vorbeigeht, dieser schwere, naturalistisch echte Schmerz.«[30]

Palmetshofers früheres Stück *räuber.schuldengenital* beschreibt Strauß als »tragikomisches Dramolett, das zwischen naturalistischer Szenenfolge und existenzialistischer Farce oszilliert«, und das »deshalb stark« sei, »weil es mit großer Genauigkeit sprachlichen Witz und philosophische Gedankenbildung einsetzt, um seine einfache Handlung immer wieder zu unterbrechen«.[31]

4. Ewald Palmetshofers Saarbrücker Poetikvorlesungen

Ewald Palmetshofers Poetikvorlesungen in Saarbrücken verstehen sich *nicht* als Versuch, ein vollständig systematisches Bild seines Verständnisses vom Theater und dem Theatertext zu entfalten, von der Gegenwart, Vergangenheit oder Zukunft des Theaters, von seinen eigenen Schreibprozessen, seinen Verfahren der Themenfindung, von Einflüssen und Vorbildern, seiner Selbstverortung in den verschiedenen Traditionen des Dramas oder in den Strömungen des Gegenwartstheaters.

Geprägt von den für die Theater wie die Gesellschaft insgesamt einschneidenden Erfahrungen der Corona-Pandemie und der in ihrem Verlauf beschlossenen Schutzmaßnahmen, die eine erhebliche Einschränkung des öffentlichen wie des privaten Lebens bedeuteten, nutzen die Vorträge vielmehr die dem Medium der Poetikvorlesung eigene Freiheit, ausgewählte Aspekte des Schreibens für das Theater und der Theaterpraxis, die für Ewald Palmetshofer und seine Theaterkunst von besonderer Bedeutung sind, zu fokussieren. Diese orientieren sich keineswegs an den zuvor skizzierten dominierenden Wahrnehmungen seines Werkes. Sie folgen einer eigenen Dynamik und Logik. Und gerade damit ermöglichen sie substanzielle Einblicke in Ewald Palmetshofers dramatische Kunst: Denn die Beschränkung auf wenige Aspekte von hoher Relevanz, verbunden mit einem tastenden, immer neu ansetzenden und sich seiner selbst vorsichtig versichernden Vorgehen nimmt alle Lesenden mit auf einen beglückend erhellenden, erkenntnisreichen Gang des Durchdenkens von und des Eindenkens in zentrale Aspekte des Theaters der Gegenwart und des Theaters überhaupt.

Körper schreiben für Körper

Palmetshofers erste zentrale Überlegung ist eine bemerkenswerte Interpretation der eigenen literarischen Autorschaft, die sich aufgrund ihrer großen Bedeutung für das Schreiben und das Theater Palmetshofers folgerichtig auch im Titel der Saarbrücker Poetikvorlesungen wiederfindet: »Körper. Schreiben.« Denn nicht die Sprache, schon gar nicht die Schriftsprache, nicht das Drama als Literatur, als Leseeinladung, sind die Zielpunkte seines Schreibens.

Palmetshofer rückt stattdessen den Körper in den Fokus, den »Körper der anderen« (S. 10 in diesem Buch) einerseits, den eigenen Körper andererseits: »Es sind Körper, die schreiben. Es ist mein Körper, der schreibt, der fürs Theater schreibt« (13). Text und Literatur entstehen aus einem physisch existenten Körper und unter Einsatz desselben.[32] Und es sind ebenso »Körper«, für die der schreibende Körper des Autors Texte herstellt, »die Körper der anderen« (13).

Natürlich, das scheint selbstredend, Dramen haben ihren Zielpunkt in ihrer Aufführung, und ohne Schauspieler:innen gibt es kein Theater. Bei Palmetshofer aber ist mehr gemeint; hier wird die Autorschaft selbst in ihre Körperlichkeit zurückgeführt, wird Theater nicht als Verkörperung gedacht, in der sich der Körper dem Text unterwirft. Vielmehr gilt: Schreiben bedeutet, »Sprachkörper schreiben, voll und ganz angewiesen auf die Körper der anderen« zu sein (13). Es bedeutet: »Körper herbeischreiben, dass sie kommen, dass sie erscheinen (auf einer Bühne), dass sie sich vergegenwärtigen, dass sie auftreten, während ich abtrete, und die Sprache in den Mund, in den Körper, in ihre Körper nehmen und sprechen, während ich schweige« (13).

Dieser Prozess hat Folgen für den Status des Textes, wie Palmetshofer betont:

> »Die negative oder destruktive Seite dieser Kunst ist aber, dass Schreiben fürs Theater mit seiner doppelten Auslöschung oder Über-Schreibung rechnet – aus freien Stücken: Aus dem Schreiben wird Sprechen der anderen, aus dem Buchstaben wird Stimme, aus Papier entstehen Körper im Raum. [...] Alles Geschriebene wird ungeschehen gemacht, indem ganz anderes geschieht und entsteht. [...] Der Text wird sozusagen umgeschrieben, verkörpert und dadurch ENT-schrieben, wird in Körper und deren Begegnung übersetzt [...]: vom Nicht-Körperlichen ins Körperliche, vom toten Buchstaben ins lebendige Sprechen. Diese Übersetzung ist voll und ganz Transformation – Formwandlung. Nicht bloß Transfer von einer Sprache in eine andere, sondern Übergang in eine andere Ordnung, einen anderen Modus, zu sein.« (13–14)

Folgt man Palmetshofer Blick, dann wird der Bühnentext hier anders konzipiert: nicht – wie häufig in der Theatergeschichte – als Vermittlung von Gedanken, die durch das mit vielen Bühnenzeichen arbeitende Medium Theater von einem ›Geist‹ zum anderen ›Geist‹ gelangen. Stattdessen wird eine ganzheitlichere Perspektive auf die Produktion, Transformation und Rezeption von Sprache auf dem Theater vorgeschlagen: Sprache dient zunächst und primär als Anlass für einen Prozess der Begegnung von Körpern. Wenn also, wie es etwa Simon Strauß vorgeschlagen hat (s. o.), Palmetshofers Dramatik als »literarisches Theater« par excellence und im engeren Sinne gesehen wird, dann widerspricht das offenbar dem Selbstverständnis des Autors. Palmetshofer betont deutlich: »Ohne die Körper der anderen gibt es [meine Texte] nicht« (15).

Jenseits des Wortsinns – im Theater affizieren Körper Körper

Sieht man nun Theater mit Ewald Palmetshofer als Stätte der Begegnung von Körpern, zuerst jener der Schreibenden mit jenen der Schauspieler:innen, so erscheinen weitere Prozesse im Theater in anderem Licht: Wenn bereits der Weg des Dramas von der Autor:in zur Darsteller:in ein ›ENT-schreiben‹, Überschreiben und Auslöschen des Textes selbst bedeutet, dann wird auch der Weg des vom geschriebenen Wort ausgelösten Spiels auf der Bühne zu den Zusehenden nicht als rein intellektueller Prozess der Entnahme bzw. Rekapitulation einer begrifflich klar fassbaren und sich in der begrifflichen Fassung erschöpfenden ›Botschaft‹ zu verstehen sein.

In seinen Vorlesungen lenkt Ewald Palmetshofer den Blick an dieser Stelle auf einen Prozess, der allen Theatergehenden bekannt ist: den der auch körperlichen Affizierung durch das Bühnengeschehen. Die Betrachtung der Ereignisse auf der Bühne ist immer ein Akt miterlebender Beteiligung. Die Zusehenden verfolgen die Reden, Bewegungen, Handlungen der Darsteller:innen in ihren Bühnenrollen mit Interesse emotional und intellektuell. Sie reagieren vielschichtig auf das, was sie wahrnehmen: gedanklich, interpretierend, fühlend, körperlich. Uns ›fährt‹ der Schreck ›in die Glieder‹, Spannung überträgt sich auf unsere Körperhaltung, das Mitfühlen setzt Botenstoffe, Hormone etc. frei, unser Körper ist Teil unserer Reaktion: »Bewegt werden. Körperlich von einem Phänomen im Außen angefasst, affiziert. Angestoßen. In Bewegung versetzt von einer Wirkungskraft – eine sonderbare Form der Intensität. Ein Affekt« (21). Jenseits des Verstehens des Sinns von Worten löst das Spiel ebenso auf einer physischen Ebene etwas aus, mitunter ganz »[u]nvorhersehbar«, »[o]hne sich nur irgendwie angekündigt zu haben« (20), es »bricht etwas ein in uns« (22).

Dieser Affekt ist auch Teil der zentralen Antwort, die Palmetshofer sich selbst auf die Frage gibt, was fehlt, wenn das Theater fehlt (wie in der Corona-Pandemie), was würde fehlen, wenn das Theater unterginge:

> »Es war das Affektive, das ich zu vermissen begann [...], eine ganz bestimmte Form der körperlichen Affizierung, der Intensität im Erleben, die aus den Körpern der Spieler:innen kommt und zwischen ihnen und mir besteht, für einen Augenblick vielleicht nur, in einem Satz, im Rhythmus der Sprache, in einem laut ausgesprochenen Gedanken, einer Geste – etwas wird angestoßen, etwas wird fraglich, in der gleichzeitigen Gegenwart mit anderen. Es ist diese Mit-Teilung der Körper, die fehlt, wenn Theater nicht ist, wenn es verschwinden würde.« (27)

»Affekt«, so präzisiert Palmetshofer unter Rückgriff auf Spinoza den Gedanken, »ist das Vermögen eines Körpers zu affizieren und affiziert zu werden. [...] Körper affizieren und werden affiziert, eine Veränderung der Wirkmächtigkeit und Intensität findet statt. Von Körpern ausgelöst, in Körpern ausgelöst« (29).

Sprache als Fern-Kraft der Körper

In einem solchen Verständnis der Prozesse im Theater verändert sich der Status der Sprache darin. Sie ist hier die Quelle der Affizierung von Körpern durch Körper. Daher wird sie in den Poetikvorlesungen nicht als Mittel der Informationsweitergabe verstanden, sondern als »eine Fern-Kraft der Körper, eine Art der Wirksamkeit oder Wirkmächtigkeit, die sie über die physische Distanz hinweg aufeinander ausüben. Sprache ist Berührung (oder eben Affizierung) der Körper über die Entfernung« (29).

Da aber die aufmerksame Behandlung der Sprache ein zentrales Merkmal der Stücke Ewald Palmetshofers ist (s. o.), kann Palmetshofers Deutung der Sprache als »Fern-Kraft der Körper« keine Abwertung der Sprache bedeuten, nicht eine Annäherung an ein Theater jenseits der Sprache vorschlagen. Im Gegenteil gilt, wie Palmetshofer in den Vorlesungen betont, dass die Sprache in seinem Theater *das* Medium ist, in dem das Erleben, Handeln, Denken, Fühlen auf der Bühne zunächst und vordringlich erfolgt: »Fast alles, was die Figuren in meinen Stücken tun oder erleiden, tun oder erleiden sie auf sprechende Weise oder sprachlich gefasst, ihr Tun und Erleiden ist in erster Linie Sprechen« (30).

Nicht die Handlung, sondern die sprachliche Vermittlung von Geschehen dominiert in der Tat seine Stücke (wie sich in längeren Zitaten aus seinen Stücken innerhalb der Saarbrücker Vorlesungen anschaulich beobachten lässt). Ihre eigentliche Wirkung aber entfaltet die Sprache dabei nicht auf der Aussageebene der Worte, sondern über die Spielenden, die sie körperlich umsetzen und die damit auf die anwesenden Körper der Zusehenden einwirken. Es heißt schlicht, die Rolle der Sprache im Theater anders zu bewerten, wenn Palmetshofer sie als »Fern-Kraft der Körper« (29) skizziert.

Mit einer solchen Neuinterpretation der Rolle der Sprache in Drama und Theater aber sind, wie Ewald Palmetshofer in den Vorlesungen detailliert abwägt, Schwierigkeiten und Chancen verbunden:

Die Wirkung des Theaters bleibt unkontrollierbar

Es ist bekannt, dass Theater immer neu an dem Wunsch scheitert, über das Spiel auf der Bühne den Zusehenden spezifische Einsichten, Haltungen, Wertungen etc. verlustfrei und genau zu vermitteln. Jacques Rancière hat dieses Problem vor einigen Jahren noch einmal knapp und anschaulich auch für jenen Fall erläutert, in dem das Theater seinen Zugriff auf das Publikum bereits weniger umfassend anstrebt:

> »Man wird nun einwenden, dass der Künstler nicht den Zuschauer belehren will. Er verbietet es sich, die Bühne zu benutzen, um eine Lehre zu verpassen oder eine Botschaft rüberzubringen. Er möchte nur eine Bewusstseinsform erzeugen, eine Gefühlsintensität, eine Energie zum Handeln. Aber er nimmt immer an, dass das, was wahrgenommen, gefühlt und verstanden werden wird, das ist, was er in seine Dramaturgie oder seine Performance hineingelegt hat. Er geht immer von der Identität von Ursache und Wirkung aus.«[33]

Die Aufführung aber, so Rancière,

> »ist nicht die Übermittlung des Wissens oder des Atems vom Künstler zum Zuschauer. Sie ist eine dritte Sache, die niemand besitzt, und deren Sinn niemand besitzt, die sich zwischen ihnen hält und jede identische Übertragung, jede Identität von Ursache und Wirkung unterbindet.«[34]

Diese Umstände nun, so konstatiert Ewald Palmetshofer, ändern sich auch unter den von ihm vorgeschlagenen veränderten Sichtweisen auf das Theater nicht. Die Wirkung des Worts auf die Spielenden bleibt ebenso wie die Wirkung der Spielenden auf die

Zusehenden unverfügbar, unberechenbar. Das Theater arbeitet auch dann, wenn der Affekt der Körper auf Körper in den Fokus gerückt wird, nicht nach einem »Sender:innen-Empfänger:innen-Modell« (39):

> »Affekt ist nicht die Botschaft. Das heißt, Affekt ist nicht das, was sich durch Sprache, Spiel oder Interaktion auf der Bühne dem Publikum zustellt, oder zustellen soll. Und Affekt ist [...] kein kontrollierter Output aufseiten der Empfänger:innen – also mitunter auf Ihrer Seite. Und er ist auch nicht das Behältnis, die Umhüllung, nicht der Briefumschlag oder die Trägersubstanz der zu übermittelnden Sendung. [...] Körper affizieren und werden affiziert, aber nicht im Sinne einer Botschaft, nicht als kalkulierbares reaktives Geschehen und auch nicht als Effekt besonders intensiver Sendetätigkeit.« (39)[35]

Affizierungen im Theater und ihre Macht, Räume zu öffnen, Dualismen zu überwinden

Womöglich, so räumen die Vorlesungen ein, ließe sich eine gewisse Kontrolle über die Wirkung auf das Publikum erreichen, wenn ein Autor bereit wäre, die Sprache

> »zu einer Überwältigungssprache [zu] verengen oder verhärten, [sich] zu einer Sprache auf[zu]schwingen, die versucht, das Gegenüber in Beschlag zu nehmen. Ein Sprechen also, das Sinnkonstruktion zu erzwingen versucht, das Sinn als vorgegebenes Etwas setzt, offene Resonanzräume besetzt, aktiv an deren Schließung arbeitet«. (43)

Das aber ist nicht das Ziel Palmetshofers. Theater findet in seiner Sicht Sinn »in der Freiheit gemeinsamen Ringens um Bedeutungen,

[...] im Sich-Aussetzen einer Fraglichkeit« (43). Sinn besitzt es »nicht als Antwort oder als etwas, das empfangen wird«, sondern »als fragende Praxis, in je unterschiedlichen, veränderlichen körperlichen Konfigurationen des Mit-Seins mit anderen« (43).

Es ist hervorzuheben, wie eng in der hier zitierten Passage das Freiheitsmoment gebunden ist an die Begegnung von Körpern, an das »Mit-Sein« im konkret physischen Sinne körperlicher »Ko-Präsenz« im Theater (43). Ihr traut Ewald Palmetshofer Besonderes zu, mehr als dem Aussagewert der Worte des Theaters:

> »Vielleicht ist es in diesem Mit-Teilen von Körpern, die sprechend einander begegnen, in dieser gemeinsamen Befragung und Übersetzung, dass so etwas wie Sinn entstehen könnte, also Bedeutung, Formen der Wirklichkeitserschließung, und eine flüchtige Form von Wahrheiten, die wieder vergehen, die nur für die Zeit der Aufführung oder sogar nur für einen Moment bestehen, in dieser gemeinsamen Präsenz von Menschen, die sich an der Fraglichkeit der Existenz und ihrer Bedingungen abarbeiten« (43).

Nicht die Wahrheit selbst steht im Zentrum dieser Überlegungen, sondern dass das Theater Räume öffnet, Räume für Wahrheiten, für eine besondere Wirklichkeitserschließung in der Gemeinsamkeit der Anwesenheit in einem Raum und in der gemeinsamen Bereitschaft, sich affizieren zu lassen. Die ganzheitliche Ansprache der Zusehenden im Theater durch das Spiel eröffnet einen komplexen, vielschichtigen Raum, in dem komplexe Erfahrungen möglich sind, die eine rein gedankliche Reaktion auf ein Schauspiel weit überschreiten können. In diesem Sinn schlägt Palmetshofer vor, »Affekt als Denken eines Zwischenraums zu begreifen, als relationales Geschehen«, das sich keineswegs planbar herstellen lässt, sich vielmehr ungewiss ereignet; das aber dort, wo es eintritt, einen

»Zwischenraum« öffnet, einen »Resonanzraum möglicher Anstoßung zwischen Körpern« (44).

Affekt ist für Palmetshofer daher, noch einmal anders formuliert:

> »nicht die Botschaft, sondern Unverfügbares im Dazwischen. Und Affekt ist nicht mit Emotion identisch. Affekt öffnet vielmehr einen Raum, in dem gilt: Ein Gedanke, eine Reflexion, eine sprachliche Wendung geht unter Umständen mit einer bestimmten Art der Intensität, einer körperlichen Qualität einher.« (44)

Auf dieser Grundlage wiederum vermag der körperlich angestoßene Affekt im Theater, Gefühl und Verstand auf besondere Weise zu verbinden:

> »Weder in der Hervorbringung noch in seiner Mit-Teilung oder Vermittlung findet Denken im Jenseits von Körpern statt, in einem körperlosen, körperfreien Raum geistiger [...] Selbstanstoßung. Vielleicht ist der Begriff des Affekts, wie ich ihn verwende, also auch nur das: Der Versuch, eine dualistische Spaltung zwischen Emotion und Ratio zu überwinden oder zumindest für einen Moment außer Kraft zu setzen, indem Wirklichkeit als körperlich vermittelt gedacht wird. Denken IST körperlich. So wie Sprechen auch. Reflexion geht mit Sensationen einher, also mit körperlichen, sinnlichen, affektiven Qualitäten. Welt WIRD körperlich erfahren [...]. Aber auch das Nicht-schon-Körperliche, die Idee. Sie wird nicht nur von Körpern gedacht oder durchdrungen, sondern betrifft Körper, trifft auf Körper, die sich ab und an entschließen, Träger:innen dieser Idee oder jener Überzeugungen, dieses Gedankens oder – ja! – auch dieses oder jenen Irrtums zu werden. Denken oder Reflexion sind nicht nüchtern, nicht körperlich steril. Sie sind – vielleicht kann man das so sagen – affekt-offen.« (44–45)

Die Idee einer Ganzheitlichkeit, die sich schon beim Ausgangspunkt der Überlegungen Palmetshofers gezeigt hat, lässt sich nun in noch einer Hinsicht konsequent weiterführen. Womöglich taugt der Affekt-Begriff dazu, konzeptuell und praktisch »einen weiteren Dualismus zu überbrücken, nämlich jenen zwischen der Wirksamkeit menschlicher Subjekte einerseits und Nicht-Menschlichem, also Materiellem, andererseits« (45).

Wenn menschliche Körper die Körper der Betrachtenden affektiv berühren können, warum soll dies nicht auch durch die Objekte auf der Bühne möglich sein: »In Bewegung versetzt werden von einem Ding – über die räumliche Distanz hinweg«, in Bewegung versetzt zu werden von allem, »was am Theater nicht Text, nicht Sprechen oder Körper ist«, von der »Welt der Dinge, auf der Bühne hingestellt«? (45) Man wird nicht leugnen können: »Am Theater sprechen beide: lebendige Körper und stumme Materie« (46).

Keine Abbildung der Sprache des Hasses und der Gewalt

Es kann nicht verwundern, dass Ewald Palmetshofers Reflexionen über das Schreiben, über Körper, über die von Sprache und Körper im Theater auslösbaren Affekte und über das Theater als Ort der Überwindung von Dualismen sich auch mit der in der gegenwärtigen Gesellschaft grassierenden Sprache der Gewalt, des Hasses, der Ausgrenzung befassen. Niemandem ist entgangen, wie seit Jahren in medial öffentlichen Äußerungen Beleidigungen, Ausgrenzungen, Herabsetzungen und Bedrohungen Raum gewinnen, wie Beschimpfung und Polemik einen auf Aufmerksamkeit für den anderen basierendes Gespräch verdrängen und immer schwieriger machen.

Ausgrenzendes Sprechen geht mit Zuschreibungen einher, es behauptet Identitäten, Zugehörigkeiten und Differenz. Auch dieses Sprechen aber ist, wie Palmetshofer betont, ein Sprechen, das »in Körper dringt« (51). Sprechakte der »Kränkung, Abwertung, Erniedrigung einerseits, der Selbsterhöhung, Aufwertung, Überlegenheitskonstruktion andererseits [...] affizieren das Erleben von Intensität« (53), »es sind körperliche Regungen, die diese Affekte jenseits des Sprachlichen auslösen« (53): »Das schallende Lachen, das Schulterklopfen, die Drohgebärde, die Hitze oder Kälte der Verachtung, oder die heißen Wangen der Scham, die eisig klammen Hände und der Schweiß der Angst« (53–54). Es ist das Ziel dieses Sprechens, wie Palmetshofer hervorhebt, »eine Kluft ein[zu]führen zwischen dem behaupteten Wesen der Sprecher:innen und dem:der anderen. Der:die andere wird getrennt, ausgesondert, abgeschnitten aus dem geteilten Raum geteilter Gleichheit in Differenz« (54).

Wenn nun jedoch Theater als ein Ort gedacht wird, an dem die Kopräsenz der Körper zum Ausgangspunkt einer körperlichen Affizierung wird, die ganzheitliches Denken mit Blick auf Materie und Mensch, Geist und Körper zu fördern vermag, dann kann in diesem Theater eine Rede des Hasses, der künstlich hergestellten Differenz, der Ausgrenzung keinen Raum haben.

Der sich für das Theater daraus ergebende Auftrag ist mühsam, aber *eine* Antwort auf die Krisen der Gegenwart, auf den Abgrund, an dem wir stehen: So schlägt Palmetshofer vor, die so alltäglich gewordenen Sprechakte der Trennung auf dem Theater nicht abzubilden, nicht zu wiederholen, ihnen nicht ein weiteres Mal Stimme, Körper und Wirkmöglichkeit zu geben. Zugleich will sein Theater dezidiert Erfahrungen der Demütigung für andere übersetzbar und verstehbar machen. Ein solches Übersetzen verlangt gleichwohl, auszuhalten, dass damit auch etwas am Auszudrückenden in der Übersetzung notwendigerweise verlorengeht: Es muss, allem Übersetzungsverlust zum Trotz, von einer grundsätzlichen und notwendig angenommenen Mitteilbarkeit ausgehen, und das trotz unterschiedlicher Identitäten.

Darüber hinaus glaubt Palmetshofer, dass »zwischen Fragen der Identitäten und des Materiellen oder Sozio-Ökonomischen ein Verhältnis der Übersetzbarkeit oder zumindest Ähnlichkeit besteht, zwischen einer Politik der materiellen Bedingungen an den Orten und der freien Lebensvollzüge der Subjekte« (59). Anders gesagt: Die Übersetzung der Wirkmacht der Hassrede in eine Szene, die sie nicht abbildet, ihre Wirkung aber dokumentiert und im Theater zu einer körperlich affizierenden macht, birgt das Potenzial, für die Gewalt der Sprache auch in anderen Zusammenhängen sensibilisiert zu sein, sie oder die von ihr ausgelösten Wirkungen auf Körper auch in neuen Zusammenhängen wieder zu erkennen. In diesem Sinne wäre Theater dann, mindestens das Ewald Palmetshofers, ein »Ort der Übung« (59). Es wäre ein Raum, in dem im Schreiben von Theatertexten, im Bühnenspiel und in dessen Erleben die skizzierte Übersetzung geübt wird. Der Verzicht auf die Wiederholung der Sprache der Ausgrenzung, ihre Übersetzung wird zur Herausforderung, wieder ins Gespräch zu kommen, zum Training, »das Sprechen der anderen als grundsätzlich übersetz- und vernehmbar anzuerkennen und Transferarbeit zu leisten. Übersetzung ebnet dabei die Differenz nicht ein. Sie ist vielmehr die Bedingung der Möglichkeit eines Raums, in dem Menschen auch in der Differenz einander vernehmbar bleiben« (59).

Von der Schwierigkeit der Anfänge und vom produktiven Widerstand der Sprache als Form

Theater anders zu verstehen, wie es Ewald Palmetshofer in den Saarbrücker Vorlesungen unternimmt, muss geradezu zwangsläufig nach sich ziehen, Theater in vielen Details anders zu denken. Anfänge etwa zu schreiben, bedeutet, wenn Schreiben Schreiben für Körper ist, nicht nur ein erstes Wort zu setzen, sondern einen

> »möglichen Impuls für die Körper zu finden [...] damit die Entscheidung, zu sprechen, fallen kann und auch tatsächlich fällt. Körper schreiben heißt eben auch, die Öffnung des Mundes zu schreiben. Denn nicht ein Buch muss hier geöffnet werden, aufgeschlagen, zwei Seiten, sondern eben zwei Lippen, mindestens« (68–69).

Ebenso neu zu denken ist die Spannung zwischen der künstlerischen Form der Sprache im Theater und den Möglichkeiten ihres Transfers in Körper. Im Prozess der Verkörperung von Sprache übt deren Form »einen Widerstand aus [...]. Form oder Geformtheit der Sprache ist eine Art künstlicher Überschuss, der über die bloße Kommunikation, den Austausch von Information, das Sprechen des Alltags, über die inhaltliche Ebene des Gesagten hinausgeht« (86).

Diese Nichtkongruenz von Text und Verkörperung hat Folgen. Indem ein »trennende[r] Abstand zwischen der Figur und ihrem Sprechen« sichtbar wird, wird erstens die Idee eines realistisch-naturalistischen Spiels gestört, und zweitens das Individuelle der Figuren überschritten:

> »Der Text geht über die Figur hinaus, führt sie aus sich selbst heraus, weil er sie mit einem Element der Fremdheit qua Form belegt. Die Idee eines vermeintlich realistischen oder authentischen Sprechens wird so durch die Form der Sprache gestört, in Irritation versetzt, ihr wird ein Widerstand entgegengesetzt. Oder anders ausgedrückt: Die sprachliche Form fügt einen Zwischenraum, einen trennenden Abstand zwischen der Figur und ihrem Sprechen ein.« (86–87)

Drittens wird durch die Spannung der Akt des Sprechens zum Bewusstsein gebracht. Die Kunsthaftigkeit des Aktes einerseits wird sichtbar, andererseits, so Palmetshofer, dokumentiert das Fortführen des Spiels die Überzeugung, »dass Sprechen verstehbar ist, dass Sprache geteilt mit anderen stattfindet, dass es Ausdruck gibt, dass Sprache sein Gegenüber treffen und anstoßen kann« (87–88).

Aus diesen Überlegungen heraus kann man Ewald Palmetshofers Sprachkunst, die an seinem Werk bisher so konstant hervorgehoben wurde, neu erfassen. Die Forciertheit der sprachlichen Setzung ist durch mehrere Faktoren zugleich bestimmt: vom Schreiben für Körper; vom Primat einer sprachlichen Evokation von Handlungen vor dem Handeln selbst; von der Arbeit, der Sprache von Hass, Gewalt und Ausgrenzung keine Stimme zu geben; und von dem Bemühen um eine Form, die einen künstlerischen Überschuss lässt, der seinerseits das Überindividuelle dessen auf der Bühne ebenso wie den Glauben an die Möglichkeit sprachlicher Kommunikation vermittelt.

Kathedralen der Verletzlichkeit, Widerstand gegen die Rede von der leeren Gegenwart, Unabschließbarkeit als Gewinn

Drei letzte Gedanken aus den hier vorliegenden Saarbrücker Poetikvorlesungen seien hervorgehoben, um das darin entfaltete Theaterkonzept noch genauer zu umreißen: Sehr entschieden wird betont, dass das Theater für die Darsteller:innen kein physisches Risiko bergen dürfe. Wer im Theater agiert, setzt seinen Körper keinem physischen Risiko aus. Theater ist ein »Ritus, der das Leben schont, ein Ritus, der die Grenzen des Körpers und seine Unversehrtheit wahrt« (90). Wieder zeigt sich, dass die Entscheidung, den Körper in den Fokus dieses Theaterkonzepts zu stellen, vielfältigste Konsequenzen hat. Palmetshofer spricht von der »Ethik des Realismus der Körper«:

> »Das Spiel auf der Bühne lebt einzig durch die lebendigen Körper der Spieler:innen. Und es ist diese Lebendigkeit, die die Grenze des Spiels bedeutet. Das Insistieren der Körper – die Wahrung ihrer Unversehrtheit – spricht einen impliziten ethischen Imperativ, ein stummes Gebot. Dies ist die Ethik des Realismus der Körper: Es ist ein Übel, Leben zu mindern, Leben zu nehmen, Leben zu zerstören und von seinen aktualisierenden Vollzügen zu trennen. Es ist gut, dass Leben ist.« (90)

Wenn dies aber gilt, dann kann das Theater eine »Kathedrale der Verletzlichkeit« (91) werden: Ein Ort, an dem die Verletzlichkeit des Körpers bewusst ist, an dem die Unversehrtheit des Körpers bewusst bewahrt werden soll und der gerade daher für die Verletzlichkeit und die Verletzungen sensibel ist und die »körperliche Existenz [...] als unaufgebbare und doch andauern verletzte zur Darstellung« bringt (91).

Dort, wo das Theater Zwischenräume öffnet, wo es eine Wahrnehmung jenseits der Dichotomien ermöglicht, öffnen sich dann weitere Optionen: Theater kann, so Palmetshofer,

> »Praxis der Einübung [sein] in die Veränderbarkeit von Situationen, unter denen Menschen leiden, Einübung in die Wirksamkeit der Gegenwart, in eine Vorstellung von Gegenwart als Wirk-Zeit von Subjekten, Gegenwart als Zeit der Dauer aktiver Veränderung, Einübung in das gemeinsame Mit-Teilen von Sinn und dessen Fraglichkeit, Einübung in ein Wissen um unsere körperliche Versehrbarkeit bis hin zum Tod.« (84)

Und indem der Theatertext in jedem Akt der Inszenierung immer neu ausgelöscht, ›ent-schrieben‹ wird, ist schließlich der Theaterprozess ein gänzlich unabschließbarer: »Das Sein des Textes ist also offen« (96).

5. Widerstand am Abgrund: gegen das »Zeitverständnis einer leeren Gegenwart«

Wenn Schreiben für das Theater Schreiben für Körper ist, wenn Theater sich nicht im Wort, sondern in der der immer neuen Verkörperung und in der Kopräsenz von Körpern manifestiert, wenn sich in dieser Erfahrung der Begegnung der Körper Affekte einstellen, Räume öffnen und neue Wahrnehmungen möglich werden, dann kann das Theater ein Ort sein, der Widerstand leistet »gegen ein immer noch wirkmächtiges Zeitverständnis einer leeren Gegenwart«, gegen eine Haltung, die »im Stillen und klammheimlich Zukunft immer noch als Progress, Wachstum und Aufstieg denkt und erhofft« (83). Dieses Theater lädt dann ein, Welt zu erleben und zu spiegeln in einer produktiven physischen und geistigen Gemeinschaft, die von der Differenz lebt, in der vorsichtige Brüche erzeugt werden, um den Blick für den anderen zu öffnen, die Verletzungen und Verletzlichkeit als universelles Schicksal zeigt und die den Schutz aller als Pflicht aller erlebbar macht.

Ein solches Theater ist durchaus politisch, nur eben anders, nicht ausdrücklich, über das Potenzial des Schreibens für Körper und der Affizierung von Körpern durch Körper. Es wirkt in die Gemeinschaft, es will in die Gemeinschaft wirken. Und der Aufruf dieses Theaters zur Hinwendung zum anderen, dazu, sich affizieren zu lassen, ist in unserer Zeit mit dem Blick in den Abgrund zweifellos von größter Wichtigkeit und Notwendigkeit.

Anmerkungen

1 Paul Virilio: *Rasender Stillstand.* Essay. Aus dem Frz. v. Bernd Wilczek. München: Carl Hanser Verlag 1992.

2 Ebd., Klappentext.

3 Christoph Leibold/Ewald Palmetshofer: »Der Rhythmus des Denkens«. In: Dorte Lena Eilers/Anja Nioduschewski (Hg.): *Stück-Werk 6. Neue deutschsprachige Dramatik im Porträt.* Berlin: Theater der Zeit 2020, S. 104–108, hier S. 105.

4 Ebd., S. 104.

5 Ebd., S. 105.

6 Ebd., S. 104–105.

7 Siehe das Werkverzeichnis der Bühnentexte von Ewald Palmetshofer in diesem Buch.

8 Simon Strauß: »Neues Leben mit dem alten Traum. Der Anfang vom Ende des langen Stillstands: Was sich die Theaterbühnen bei uns trotz Corona vorgenommen haben«. In: *FAZ* v. 25.08.2020.

9 Vgl. etwa: Andreas Klaeui: »Palmarès vom Schreibtisch? 3. Schweizer Theatertreffen in Genf nebst Schweizer Theaterpreisen – ein Festival auf der Suche nach seinem Charakter«. In: *nachtkritik.de* v. 27.05.2016 (https://nachtkritik.de/portraet-reportage/3-schweizer-theatertreffen-in-genf-nebst-schweizer-theaterpreisen-ein-festival-auf-der-suche-nach-seinem-charakter); Simon Strauß: »Kommt so selten einer her zu mir. Das Frankfurter Schauspiel eröffnet mit einem Totalausfall und einem Glanzstück«. In: *FAZ* v. 10.09.2018; Martin Halter: »Sachsen weinen nicht. Stephan Kimmig inszeniert in Basel Henry Purcells *King Arthur*«. In: *FAZ* v. 15.09.2018; Christine Dössel: »Überschreibungen. Acht Stücke für die Mülheimer Theatertage«. In: *SZ* v. 21.02.2018; Egbert Tholl: »Sehr gut aufgeräumt. In Basel hat Nora Schlocker Ewald Palmetshofers Gerhart-Hauptmann-Überschreibung *Vor Sonnenaufgang* inszeniert – nun ist die Produktion am Residenztheater zu sehen«. In: *SZ* v. 03.12.2019.

10 Petra Hallmayer/Ewald Palmetshofer: »Im Rausch der Gewalt. Interview«. In: *SZ* v. 17.05.2013.

11 Eva-Maria Magel: »Sie sind Zeitgenossen. Mit *Vor Sonnenaufgang* nach

Hauptmann hat das Schauspiel Frankfurt von morgen an gleich zwei Stücke des Dramatikers Ewald Palmetshofer auf dem Spielplan«. In: *FAZ* v. 31.01.2019. Siehe auch: Leibold/Palmetshofer: »Rhythmus« (2020), S. 106: »Ähnlich war es auch bei *hamlet ist tot*, da existierten bereits weite Teile des Stücks, als mir auffiel, es gibt dieses Hamlet'sche Moment des Zauderns in meinem Text.«

12 Hallmayer/Palmetshofer: »Rausch« (2013).

13 Ebd.

14 Matthias Bischoff: »Antikendrama im Alpenland. Bruchstücke alter Meister mit großartigen Darstellerinnen: *Die Unverheiratete* von Ewald Palmetshofer am Staatstheater Mainz.« In: *FAZ* v. 20.02.2016.

15 Magel: »Zeitgenossen« (2019).

16 Martin Halter: »Schuld und Sühne im Dreimädelhaus. Mythenmix, fein gehäkelt: Ewald Palmetshofers *Die Unverheiratete* im Theater Basel.« In: *FAZ* v. 25.03.2017

17 Christiane Lutz: »Wortkunst des Weglassens. Die Texte von Ewald Palmetshofer sind poetisch, rhythmisch und herausfordernd. Jetzt kommt sein Stück *Vor Sonnenaufgang* aus Basel ans Residenztheater, wo der Österreicher zur Entourage um Andreas Beck gehört«. In: *SZ* v. 29.11.2019.

18 Strauß: »Kommt« (2018).

19 Simon Strauß: »Am Ende hat noch jeder jede aufgegeben. Endlich wieder Sprachkunst für die große Bühne: Das Residenztheater in München eröffnet unter neuer Leitung mit der Uraufführung von Ewald Palmetshofers *Die Verlorenen*«. In: *FAZ* v. 22.10.2019.

20 Martin Lhotzky: »Oma hat einen Deserteur verraten. Die Wahrheit über die Alten kriegen erst die Enkel raus: Palmetshofers *Die Unverheiratete* in Wien uraufgeführt.« In: *FAZ* v. 16.12.2014.

21 Halter: »Schuld« (2017).

22 Strauß: »Ende« (2019).

23 Ebd.

24 Gerhard Stadelmaier: »Der Tod sitzt in der Pluderhose. Die zwei Unterleiber des Königs: Ein *Edward II.* bei den Wiener Festwochen.« In: *FAZ* v. 28.05.2015.

25 Magel: »Zeitgenossen« (2019).

26 Grete Götze: »Diese Treppe führt ins Unheil. Roger Vontobel inszeniert

in Frankfurt Ewald Palmetshofers Überschreibung *Vor Sonnenaufgang.*« In: *FAZ* v. 04.02.2019.

27 Ebd.

28 Martin Lhotzky: »Ah, Schwanz heißt die Kanaille! Mit Schiller in den Geschlechterkampf der Generationen ziehen oder Alte, wollt ihr ewig rentnern? Ewald Palmetshofers *Räuber.Schuldengenital* in Wien uraufgeführt.« In: *FAZ* v. 22.12.2012.

29 Simon Strauß: »Die Theaterpreise des Jahres«. In: *FAZ* v. 28.08.2020.

30 Simon Strauß: »*Vor Sonnenaufgang.* Stiller Schrecken, natürlicher Schmerz. Hier ist alles echt, auch der letzte Moment der Menschheit: Ewald Palmetshofers Hauptmann-Adaption *Vor Sonnenaufgang* wird in Basel uraufgeführt«. In: *FAZ* v. 27.11.2017.

31 Strauß: »Kommt« (2018).

32 Vgl. dazu auch S. 45: »Denken oder Reflexion sind nicht nüchtern, nicht körperlich steril. Sie sind – vielleicht kann man das so sagen – affektoffen.«

33 Jacques Rancière: »Der emanzipierte Zuschauer«. In: Ders.: *Der emanzipierte Zuschauer.* Hg. v. Peter Engelmann. Wien: Passagen Verlag 2009, S. 11–34, hier S. 24–25.

34 Ebd., S. 25.

35 Vgl. entsprechend auch S. 43: »Ich mag an meiner Sprache arbeiten, aber sie – oder ich – kann den Ort, auf den sie trifft – die Körper – und deren affektives Geschehen nicht vorwegnehmen, nicht als Ziel verfolgen.«

WERKVERZEICHNIS

Bühnentexte

Die nachfolgende Übersicht verzeichnet das Gesamtwerk der Bühnenarbeiten Ewald Palmetshofers bis dato: mit Informationen zur Uraufführung und zu Drucklegungen der Texte. Die Stücke sind nach dem Entstehungsjahr geordnet, mit dem neuesten beginnend.

2015 erschienen im S. Fischer Verlag sechs Stücke gebündelt in der Textsammlung: Ewald Palmetshofer: *faust hat hunger und verschluckt sich an einer grete. Dramen.* Mit einem Nachwort v. Andreas Beck. Hg. v. Friederike Emmerling u. Stefanie von Lieven. Frankfurt a. M.: S. Fischer Verlag 2015. Der Übersichtlichkeit halber wird diese Ausgabe nachfolgend verkürzend zitiert als: Ewald Palmetshofer: *faust hat hunger* (2015), mit nachgestellter Seitenangabe.

Die Verlorenen

UA 19. 10. 2019: Residenztheater München, Regie: Nora Schlocker
Auftragsarbeit für das Residenztheater München
Gedruckt in: *Theater heute* (12/2019); *Dramatische Rundschau 02.* Hg. v. Friederike Emmerling, Oliver Franke, Stefanie von Lieven, Barbara Neu u. Bettina Walther. Frankfurt a. M.: S. Fischer Verlag 2020, S. 253–436

König Arthur

Semi-Oper von Henry Purcell und John Dryden in einer Neudichtung von Ewald Palmetshofer
UA 13. 09. 2018: Theater Basel, Regie: Stephan Kimmig
Auftragsarbeit für das Theater Basel

Vor Sonnenaufgang
nach Gerhart Hauptmann
UA 24.11.2017: Theater Basel, Regie: Nora Schlocker
Auftragsarbeit für das Theater Basel
Gedruckt in: *Theater heute* (2/2018); *Theater Theater. Aktuelle Stücke 29.* Hg. v. Uwe B. Carstensen, Friederike Emmerling, Stefanie von Lieven, Barbara Neu u. Bettina Walther. Frankfurt a.M.: S.Fischer Verlag 2018, S.297–430

Edward II. Die Liebe bin ich
nach Christopher Marlowe
UA 26.05.2015: Schauspielhaus Wien, Regie: Nora Schlocker
Auftragsarbeit für das Schauspielhaus Wien in Koproduktion mit dem Theater Basel und den Wiener Festwochen
Gedruckt in: *Theater Theater. Aktuelle Stücke 27.* Hg. v. Uwe B. Carstensen u. Stefanie von Lieven. Frankfurt a.M.: S.Fischer Verlag 2016, S.257–360

die unverheiratete
UA 13.12.2014: Burgtheater (Akademietheater) Wien, Regie: Robert Borgmann
Gedruckt in: *Theater heute* (2/2015); Ewald Palmetshofer: *faust hat hunger* (2015), S.377–468; Ewald Palmetshofer: *die unverheiratete.* Nachwort u. Anmerkungen v. Sascha Feuchert. Ditzingen: Reclam 2022 (Reihe: »Theater der Gegenwart«)

räuber.schuldengenital
UA 22.12.2012: Burgtheater (Akademietheater) Wien, Regie: Stephan Kimmig
Gedruckt in: *Theater heute* (2/2013); *Theater Theater. Aktuelle Stücke 24.* Hg. v. Uwe B. Carstensen u. Stefanie von Lieven. Frank-

furt a. M.: S. Fischer Verlag 2013, S. 165–254; Ewald Palmetshofer: *faust hat hunger* (2015), S. 283–376

tier. man wird doch bitte unterschicht
UA 11. 09. 2010: Staatsschauspiel Dresden, Regie: Simone Blattner
Auftragsarbeit für das Staatstheater Dresden im Rahmen des Dramatikerpreises des Kulturkreises der deutschen Wirtschaft 2008; mit freundlicher Unterstützung der Friedrich-Stiftung
Gedruckt in: *Theater heute* (10/2010); Ewald Palmetshofer: *faust hat hunger* (2015), S. 213–282

herzwurst. immer alles eine tochter
Die X Gebote: VIII, Kurzstück zum Gebot »Du sollst nicht falsch Zeugnis geben wider deinen Nächsten«
UA 31. 12. 2009: Schauspielhaus Wien, Regie: Sebastian Schug
Auftragsarbeit für das Schauspielhaus Wien im Rahmen der Serie »Die X Gebote«
Gedruckt in: *Die X Gebote. kolik. Zeitschrift für Literatur 48* (2010)

Körpergewicht 17%
Monolog in zwei Stimmen
UA 27. 05. 2009: Nationaltheater Mannheim, Regie: Torge Kübler
Auftragsarbeit für das Nationaltheater Mannheim

faust hat hunger und verschluckt sich an einer grete
UA 02. 04. 2009: Schauspielhaus Wien, Regie: Felicitas Brucker
Auftragsarbeit für das Schauspielhaus Wien
Gedruckt in: *Theater heute* (6/2009); *Theater Theater. Aktuelle Stücke 19*. Hg. v. Uwe B. Carstensen u. Stefanie von Lieven. Frankfurt a. M.: S. Fischer Verlag 2009, S. 497–556; Ewald Palmetshofer: *faust hat hunger* (2015), S. 137–212

Das Ende kommt schon noch
Deutschlandsaga – die 90er Jahre
kleines drama
UA 17.03.2008: Schaubühne am Lehniner Platz, Berlin, Regie: Robert Borgmann
Auftragsarbeit für die Schaubühne am Lehniner Platz, Berlin

hamlet ist tot. keine schwerkraft
UA 22.11.2007: Schauspielhaus Wien, Regie: Felicitas Brucker
Entstanden im Rahmen der wiener wortstaetten
Gedruckt in: *Theater heute* (2/2008); *Theater Theater. Aktuelle Stücke 18.* Hg. v. Uwe B. Carstensen u. Stefanie von Lieven. Frankfurt a. M.: S. Fischer Verlag 2008, S. 393–452; Ewald Palmetshofer: *faust hat hunger* (2015), S. 65–135

wohnen. unter glas
UA 09.02.2008: Schauspielhaus Wien, Regie: Sebastian Schug
Gedruckt in: *kolik. Zeitschrift für Literatur 38* (2007); *Theater Theater. Aktuelle Stücke 21.* Hg. v. Uwe B. Carstensen u. Stefanie von Lieven. Frankfurt a. M.: S. Fischer Verlag 2010, S. 267–334; Ewald Palmetshofer: *faust hat hunger* (2015), S. 9–63

helden
UA 20.03.2009: Theater an der Ruhr, Mülheim, Regie: Thomaspeter Goergen

sauschneidn. ein mütterspiel
UA 29.04.2009: Theater am Lend, Graz (eine Produktion von UniT Graz), Regie: Dieter Boyer

DANKSAGUNG

Ausgangspunkt des vorliegenden Buches sind drei öffentliche Vorträge, die Ewald Palmetshofer am 13. und 20. Juni sowie am 11. Juli 2022 in Saarbrücken im Rahmen der 9. Saarbrücker Poetikdozentur für Dramatik gehalten hat, mit der er im Jahr 2022 ausgezeichnet wurde. In den Jahren 2020 und 2021 hatte aufgrund der Maßnahmen zur Bekämpfung der Corona-Pandemie die Saarbrücker Poetikdozentur für Dramatik pausiert: Eine rein digitale Durchführung schien den Veranstaltern der Grundidee der Dozentur, dem gemeinsamen Sprechen über das Theater der Gegenwart in Kopräsenz von Vortragendem und Zuhörenden bzw. Diskutierenden im öffentlichen Raum entgegenzustehen.

Die Saarbrücker Poetikdozentur für Dramatik wird von der Germanistik der Universität des Saarlandes in Zusammenarbeit mit der Stadt Saarbrücken, dem Saarländischen Staatstheater und dem VHS/Regionalverband Saarbrücken gemeinsam organisiert. Sie findet jährlich statt, besteht aus je drei öffentlichen Vorträgen der mit der Dozentur ausgezeichneten Theatermacher:innen und deren Besuch in einem parallel stattfindenden Seminar an der Universität des Saarlandes zu ihrem Werk. Die Saarbrücker Poetikdozentur wurde erstmals zum Wintersemester 2011/2012 eingerichtet, mündet stets in der Drucklegung der Vorträge und ist die einzige Poetikdozentur, die ausschließlich der Dramatik gewidmet ist. Vor Ewald Palmetshofer hatten Rimini Protokoll, Roland Schimmelpfennig, Kathrin Röggla, Albert Ostermaier, Falk Richter, Milo Rau, She She Pop und Rebekka Kricheldorf die Dozentur inne.

Es sei an dieser Stelle erlaubt, ausdrücklich zu danken: der Stadt Saarbrücken, dem Saarländischen Staatstheater und dem VHS/

Regionalverband Saarbrücken für ihre vielfältige Unterstützung für die Saarbrücker Poetikdozentur, die ohne sie unmöglich wäre. Gedankt sei ebenso dem Alexander Verlag Berlin, der die Drucklegung der Vorlesungen bereits zum sechsten Mal mit denkbar größtem Engagement für das Projekt umsetzt.
Vor allem aber ist Ewald Palmetshofer zu danken, dass er die Einladung, öffentlich über seine Theaterarbeit zu reflektieren, angenommen hat und vor Publikum in Saarbrücken ebenso wie jetzt in der Druckform Einblick gewährt in sein künstlerisches Selbstverständnis und seinen Blick auf das Theater.

Johannes Birgfeld